U0904792

成就商业阶层事业与生活的梦想

成就商业阶层事业与生活的梦想

Real Leaders Don't Do PowerPoint

说服人心的艺术

[美] 克里斯托弗·威特（Christopher Witt）◎著
林丽萍◎译

中国人民大学出版社
·北京·

一切为了您的阅读价值

常常阅读我们图书的读者一定都记忆犹新，2008年以前出版的图书中，都放置了一篇题为“一切为了您的阅读体验”的文章，文中所谈，如今都得到了读者的广泛认同，也得到了出版业内同行的追随。

在我们2008年以后的新书以及重印书中，读者会看到这篇“一切为了您的阅读价值”；而对于我们图书的新读者，我们特别在整本书的最后几页，放置了“一切为了您的阅读体验”的精编版。今后，我们将在每年推出崭新的针对读者阅读生活的不同设计和思考。

★ 您知道自己为阅读付出的最大成本是什么吗？

★ 您是否常常在阅读过一本书籍后，才发现不是自己要看的那一本？

★ 您是否常常发现书架上很多书籍都是一时冲动买下，直到现在一字未读？

★ 您是否常常感慨书籍的价格太贵，两百多页的书，值三十多元钱吗？

阅读的最大成本

读者在选购图书的时候，往往把成本支出的焦点放在书价上，其实不然。**时间才是读者付出的最大阅读成本**。

阅读的时间成本=选择图书所花费的时间+阅读图书所花费的时间+误读图书所浪费的时间

选择合适的图书类别

目前市场上的**图书来源**可以分为**两大类，五小类：**

1. 引进图书：引进图书来源于国外的出版公司，多为从其他语种翻译成中文而出版，反映国际发展现状，但与中国的实际结合较弱，这其中包括三小类：

a）教科书：这类书理论性较强，体系完整，但多为学科的基础知识，适合初入门的、需要系统了解一门学问的读者。

b）专业书：这类书理论性、专业性均较强，需要读者拥有比较深厚的专业背景，阅读的目的是加深对一门学问的理解和认识。

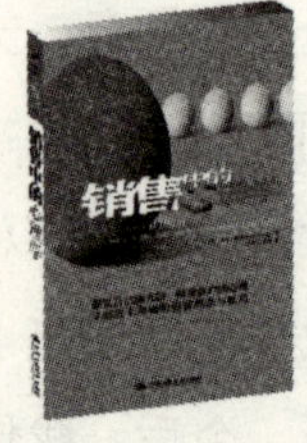

c）大众书：这类书理论性、专业性均不强，但普及性较强，贴近现实，实用可操作，适合一门学问的普通爱好者或实际操作者。

2. 本土图书：本土图书来源于中国的作者，反映中国的发展现状，与中国的实际结合较强，但国际视野和领先性与引进版相比较弱，这其中包括两小类，可通过封面的作者署名来辨别：

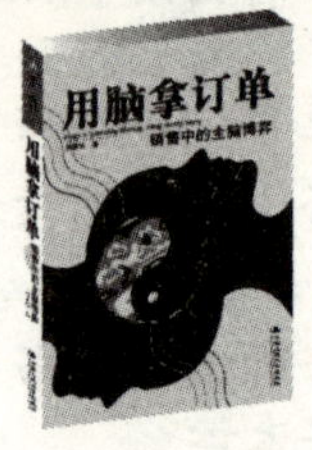

a）"著"作：这类图书大多为作者亲笔写就，请读者认真阅读"作者简介"，并上网查询、验证其真实程度，一旦发现优秀的适合自己的作者，可以在今后的阅读生活中，多加留意。系统地了解几位优秀作者的作品，是非常有益的。

b）"编著"图书：这类图书汇编了大量图书中的内容，拼凑的痕迹较明显，建议读者仔细分辨，谨慎购买。

七 阅读的收益

阅读图书最大的收益，来自于获取知识后，**应用于**自己的**工作和生活**，获得品质的**改善和提升**，由此，油然而生一种无限的**满足感**。

业绩的增长 

职位的晋升 

工资的晋级 

更好的生活条件 

收益  花费

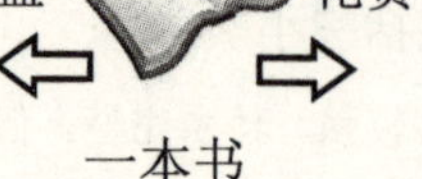

一本书

 一张电影票

 一顿麦当劳

一次打车费

 两公斤肉

目录
Contents

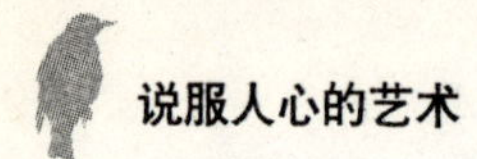

一条引人注目的信息主要由三部分组成：一个主题、明晰的组织结构以及语言。一场电影演绎一个故事，一场演讲就只传达一个观点；一场演讲如果组织框架有问题，那它就会失败或者经不起反驳；一场演讲提醒我们，语言就像孩子一样，具有让衰竭的心脏跳动的力量。

第四部分 你不可不知的演讲10大技巧 151

把一个伟大的构思表达清楚、令人信服需要技巧。演讲需要你使用你的身体、你的声音去表达要传递的信息，它是要你尽可能有力地表达真实的自我，真正达到和听众交流的目的。你不是通过讲话而是通过交流来赢得听众。

结语 打破陈规，从现在开始 217

序言

为什么领导们的演讲能如此与众不同

领导们在演讲时往往表现得与众不同。首先，在发表演讲的态度上，一般人总会想方设法地回避。实在没办法时，他们也总是拖到最后几分钟才做演讲准备，然后求助于幻灯片（又称 PPT）。其次，在 PPT 的形式上，一般人也总是照搬前人的样式。再次，在发表演讲的现场，一般人总是躲在角落里，尽量远离幻灯片屏幕所在的中心位置。最后，一般人演讲的时候通常毫无技巧可言，只是机械地逐字逐句读 PPT 上的内容，而听众对此更是毫无兴趣，在下面不是偷偷地看手机，就是查看手提电脑。

这是因为，普通人对自己往往要求不高，演讲的时候他们仅仅是希望不要遇到尴尬，顺利完成就可以了。但是，如果你是一位领导，你就必须在任何一场演讲中都表现得有领导气派。因为你演讲的表现决定了太多的东西，包括你的威望以及你是否能够得到人们的关注和支持，有时这些表现甚至会决定你所领导的项目或组织能否获得成功。所以你的表现不能太差，至少要达到中等以上的水平。

如果你想成为领导，那么最好的办法就是像领导那样发表演讲，而不能像普通人那样羞于演讲或在演讲的时候过多地依赖PPT。事实上，这也正是你不能这么做的原因，因为要想成为领导，你就必须让自己与众不同。

即使你不是领导，或是没有当领导的野心，你也可能已经厌倦了这样的局面：自己的观点不被认可，而一些不如你的人却受到好评。如果是这样，不妨尝试一下，学习领导的说话方式，运用他们发表演讲的技巧和谋略来提升你的影响力。

记住，听众不希望领导在发表演讲的时候表现得很一般。他们将领导提升到一个更高的标准，对他们要求更多。而领导对自身的期望值也会很高，因为他们知道，仅仅做一个擅长讲话的人是不够的。他们希望演讲能对其所领导的组织有所帮助，同时能够提高他们的个人地位。

因此，无论你是一位领导——一位志存高远的领导，还是你仅仅是想得到别人的重视，你的演讲都应该水平高于常人，并且更具智慧。你不能在临演讲前的最后几分钟才匆匆记下演讲要点，或者让其他人帮你做演讲准备，这样容易导致因准备不充分而口不择言；同样，你也不能完全依靠PPT来表达自己的观点；当然，你也不能仅仅从网上抄袭一些典故和范例来点缀演讲。**要成就一次成功的演讲，关键是要将自己调动起来，使演讲能够清楚地传达自己的想法、信念和性格。**

为什么领导需要与众不同呢

领导在危急关头演讲

领导们在危急关头、转型时刻或是机会来临的时候往往更需要发表演讲。这些时刻人们对领导的演讲期望值也更高，所以演讲的反响可能就更大——此刻，领导们具有洞察力、确凿或能指明方向的演讲就成了人们的定心丸。例如，在经历国难之后，整个国家都会期待总统发表演讲。美国总统里根在空难当夜这样说道：

> “挑战号”飞船的机组人员为我们光荣地献出自己的一生。我们永远缅怀他们，我们不会忘记今晨最后看到他们的情景。他们整装待发，向我们挥手致意，然后脱离了大地执拗的束缚飞上天际，亲近上帝慈爱的面容。

这些讲话有助于抚慰沉浸在悲痛中的整个国家。又比如，当一个公司发布新产品时，有谁比领导更适合充当发布者的角色呢？随着新产品发布，公司CEO阐明工作计划，员工们才能更明白自己的工作方向。

领导者发表演讲与众不同，在危急时刻更具有影响力。

领导作为组织代表发言

在发表演讲的时候，领导们不仅要时刻代表自己，还要时刻代表他们所在的组织。缺乏经验的领导有时会忘记这一点，在公

共场合做出一些唐突的发言，或者在其他地方给出即兴发言。事后这种领导往往会惊讶于人们的反应——人们把他们的话当成了政策条例。真正的领导则懂得，听众会把他的话看得很重。而且，领导们也希望自己说的话被别人重视。因此，懂得领导艺术的人，会谨慎对待自己的发言。

任何组织的成功，无论是跨国公司、非营利组织、刚起步的小公司，还是一个部门或是一项操作，有时都会取决于其领导人的演讲能力。同样，任何一个项目——一场宇宙飞船发射直播，一次公关活动或者一条对大宗合同的口头建议——成功与否，某种程度上也取决于领导者的演讲能力。

领导时刻在演讲

通常，领导每周都会发表几次正式或非正式的讲话：他们向董事会、总经理汇报工作，或者在公司范围的大型聚会上讲话，又或者是同普通大众、协会和服务俱乐部谈话，同资金赞助者以及主要客户或潜在客户谈话。他们会出现在座谈小组、广播、电视或报纸上。最近一项对100家世界1 000强企业进行的调查发现，这些公司的总裁平均每年应邀出席各种会议而发表的演讲就达175次之多。

雄心勃勃的领导们寻找一切机会发表演讲。他们在各种会议中慷慨陈词。他们会不断更新演讲的内容，参与针对预期客户的小组陈述。他们向服务性企业和专业社团发表演讲，还组织远程课堂和网络会议。

领导因工作而说

发表演讲是领导们最重要的职责之一，真正的领导将其看做一种挑战和机遇。通常，公司邀请我参与领导们的工作有两个原因：其一，可能是领导有一个非常重要的讲话，他们必须保证做得很出色；其二，更经常的是，需要我协助培养准备提拔重用的新人，但是当权者对这些候选人的表达能力不太满意。“我们要将资深科学家培养成具有领袖才能的人，”公司主管会说，“但是，不管在什么场合，这些人讲话都好似在做技术汇报。”或者主管会说，“他是下一位 CEO 候选人，但在面对为数众多的听众时，他缺乏领导者应当具有的魄力。”

我也曾受邀参与资深研发人员、科学家和工程师们的工作，他们经常受挫于自己笨拙的演讲技巧。“我的一些员工在工厂里是特别出色的，”一家高新技术企业的研发主管曾经告诉我说，“但是如果他们不能和别人分享自己的知识，那么他们所掌握的知识将变得一文不值。”所以，我告诉这些“项目专家”们，不管他们怎么想，知识不是力量，交流的知识才是力量。我告诉他们，事实不会自己说话，是人收集事实、评价事实、了解事实，并且代表事实说话。我告诉“项目专家”们，发表演讲也许不在他们的工作“职责”之列，但事实上它理应包括在内。因为“项目专家”对于公司的价值不在于他们懂些什么，而在于他们是否能够以别人能理解的方式将他们懂的表达出来，使其更易于执行。

演讲是使人成为领导的最有力工具，同时也是展现自己才华和赢得群众认可的最佳途径。

领导演讲的影响力和鼓舞力

我经常会让我的客户描述他们所能记住的最具震撼力的某一场领导演讲，并询问他们，这位领导的演讲为什么会让你印象如此深刻？尽管客户们的回答千变万化，但他们都会不约而同地提到以下一些原因：领导现场发挥得很好，演讲很有说服力，而且激情四射；演讲中领导表现得急中生智或者很有幽默感；该领导很注意与听众互动，演讲表达非常流畅等。绝大多数客户还会提到他们所能记住的演讲中的一些令人难以忘怀的细节。但是，每次我都会问一个看似奇怪的问题：我想知道这位领导是如何使用PPT的？

当然，我询问这个问题是有原因的。

专业人士们通常会强调PPT的优点。我们也都一致认为，使用PPT的目的是为了传达信息，但这也正是为什么领导——真正的领导都很少用PPT的原因。因为他们演讲的主要目的不在于交流信息，而在于开拓听众的眼界，为听众指明方向，或者是为了提高听众的工作热情，为此，领导们必须努力使他们的演讲更具影响力和鼓舞力。

事实上，假如你在做报告，主持一个培训会议或是研讨会，那么，交流信息确实很重要，但是它绝不能成为你做报告的唯一原因或者是主要原因。因为领导演讲的目的并非纯粹为了传达信息，而是要引发听众去思考并解决问题。

成功演讲应具备的四要素

大约 2 500 年前，古希腊雄辩家、希腊演讲之父狄摩西尼曾经说过，成功的演讲应该具备 4 个要素：（1）演讲者具有个人魅力；（2）事件本身值得关注；（3）传递的信息引人注目；（4）演讲技巧炉火纯青。这 4 个要素无论是在古希腊还是在今天都是非常正确的。本书将分四部分对此进行阐述。

演讲者具有个人魅力

演讲者不必是总统或公司总裁。他可以是一位有志于建设团队凝聚力，专注于实现目标的部门负责人，或者是一位管理顾问、一位教练、一名建筑师、一名通过与指定客户谈话来实现目标的财务顾问，又或者是一名疲于沟通的销售代表。同样，演讲者也可以是一位社会活动家，一名选举候选人或者是一位实验室专业人员等等。总之，不管是什么人，演讲者必须竭尽所能做到最好。他所说的每句话，演讲的整个过程都应充分体现自己的经验、热情、个性，甚至是幽默感。因为唯有这样，他才能成为具有个人魅力的演讲者。

事件本身值得关注

演讲者应该投入到值得关注的事件中去。也就是说，如果演讲对于你来说是浪费时间或是会降低你在人们心目中的地位，那么你应该主动放弃这次机会。有时可能也要与负责这一事件的人们一起工作，以便帮助他们优化目标、计划和工作环境。

传递的信息引人注目

一条引人注目的信息与一个想法一样都具有改变人们生活的力量。简单地说，要想用引人入胜的词句在演讲中表达出这些信息，需要付出勤勉的努力，日积月累才能有所成就，没有捷径可言。领导如果在演讲当中放弃这些精彩的词句，那么，他的演讲就不会受到重视，他本人同样也不会赢得尊敬。

达克·波穆斯（Doc Pomus）是一位具有传奇色彩的作曲家，曾经创作《恋爱中的少年》、《猜疑》和《为我拯救最后的舞蹈》等著名歌曲。当被问及如何才能写出一首动人心弦的歌曲时，他答道："创作时要找到合适的词句来充分表达内心的想法，从而拉近内心与文字之间的距离。"这种方法同样适用于表达引人注目的信息。领导在发表演讲的时候，要找到合适的语言以表达自己的内心思想，从而拉近和听众之间的距离。

演讲技巧炉火纯青

这取决于诸多因素，比如发表演讲的时候要注意腿的姿势，要关注与听众之间的眼神交流以及调整好语音语调等。但要令演讲达到娴熟，还远不止于掌握这些技巧的问题。在演讲时还要注意调整自我，关注如何才能表现出真实的自我，这可能才是最重要的。

有人可能会质疑，能具备四要素中的两个就已经相当不错了，但这样是不够的。假如你是一位领导或有志于成为领导的人，那么你应该知道，想要发表一次成功的演讲，就必须同时具备这 4 个要素。这种想要成功的愿望，将驱使你成就今天的地位，同样也能成就你想要的明天。

如果你能将本书中的建议铭记于心，那么你将成为一名更有信心，更有主导力，更能激动人心的演讲家，从而有可能更快地实现自己的人生目标。

说服人心的艺术

Real Leaders Don't Do PowerPoint

第一部分

你的演讲你做主

演讲者本人是移动的信息。你是一个什么样的人与你所交流的内容是密不可分的。你是什么样的人，你做了什么，你的价值观——这些都构成了传达给听众的信息。千万不能试图改变自己，或者是试图让自己成为其他某个人。

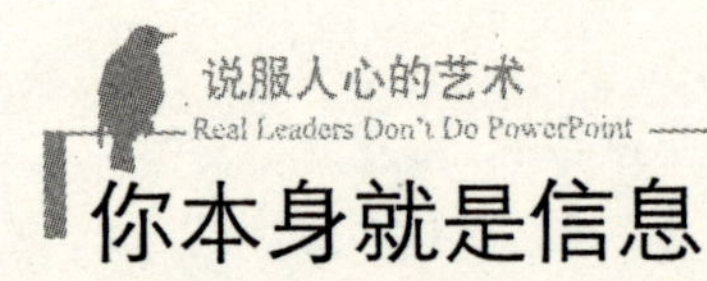

你本身就是信息

你是一个什么样的人与你所交流的内容是密不可分的。我不仅仅是说你的行动胜于语言——当然这也是正确的，我强调的是你的性格——**你是什么样的人，你做了什么，你的价值观。这些都构成了传达给听众的信息**。

以唐纳德·特朗普（Donald Trump）为例。我们了解他多少呢？他是一位知名的作家，留着奇怪的发型，狂妄自大，不计后果地追求名利。如果他发表一个关于无私或是富有同情心的客户服务演讲，你会相信他吗？

再比如，西南航空公司的奠基人及前总裁赫伯·凯勒尔（Herb Kelleher），他的行为比较特别，而且富有幽默感。有时他会亲自站在检票口帮忙装运行李或检票，而且在他心目中员工是最重要的，顾客次之，公司领导层最后。这样一位领导，你能想象得出他发表特朗普的演讲内容，或者特朗普代替他发表演讲吗？

要是特朗普召集他的所有员工，并在演讲中表达他对员工的爱，无疑会显得难堪，而对于凯勒尔来说那则是另一种情形。他每时每刻都会对员工使用他所谓的“爱的语言”。他的员工们曾经为了告诉凯勒尔他们很喜欢他，而专门做了一个整版广告。

这两位都属于商业上的成功人士，然而两者都不可能代替对方发表演讲。

玫琳凯·艾施（Mary Kay Ash）是玫琳凯化妆品公司的创始人，她可以发表关于帮助女性如何在商业中获得成功的演讲，却不能在演讲中谈论针对家庭主妇的内容。比尔·盖茨的演讲可以涉及网络财富或是慈善事业，但却不能是关于“小就是美”的。这是因为**演讲人只有在涉及他本身所属领域的时候，其演讲内容才是令人信服的。**

如果你所传达的信息与你本身是什么样的人不一致，或者，至少与你的听众所认为的你是个什么样的人不一致，就会出现两个问题。第一，你在传达信息的时候会遇到困难，最好的境况是，你觉得自己像个演员在演戏；最糟糕的是，你会觉得自己是个骗子。你会变得不自然，而且会失去自信和诚信。第二，听众会不相信你所说的内容，更糟糕的是，他们可能还会怀疑你本人的目的。

我的一位客户，我们称呼她为詹妮，是一家咨询公司的老总，她将这家原本只有一个人的小公司发展成为现在拥有百万资产的大公司。公司主要通过与目标客户交流销售服务，这需要在潜在客户面前将自己树立成一位权威专家的形象。她说自己是一位充满活力，有紧迫感并且要求很严格的人。一位同事称她为“有幽默感的玛莎·斯图尔特（Martha Stewart）”①。

① 美国“玛莎生活”综合传媒公司的领导人。美国历史上第一位拥有自己媒体上市公司的女亿万富翁，被誉为“家政女皇”。——编者注

她以前的合作对象是准备开诊所的内科医生们，现在她想通过与（脊柱）按摩疗法医生建立合作关系吸引更多的客户。丰富的工作经验使她变得自信，她认为针对医生的策略应该同样适用于（脊柱）按摩疗法医生。当然对象的差异也使得她必须调整一部分信息以更加适合新的客户。

但是经过多次与（脊柱）按摩疗法医生的交流，詹妮发现客户的反响并不是很理想。“假如我是与内科医师们谈话，”她说，“也许我能获得更多想预约和我谈话的潜在客户。”因此，她请我列席参加她的下一次演讲，并给她一些反馈意见。

我以前见识过她与医生们的谈话，所以我能够明白为什么内科医生对她的反响那么好。她自信、乐观、充满魅力，并且能够以一种幽默的方式让医生们对他们自己的行为感到好笑，所以医生们喜欢她。

演讲开始之前，在同（脊柱）按摩疗法医生进行个别交流的时候，我发现他们同样对她印象深刻。然而一旦开始演讲，她就显得有些不太自信。她站上讲台后一动不动，还不停地翻看笔记本，完全失去了幽默感。演讲结束后，听众只是出于礼貌，稀稀拉拉地鼓了几下掌，而没有一位跑上前去与她交流。

后来，我问她这次演讲为何采取这样一种方式。“（脊柱）按摩疗法医生是比内科医生们工作环境更宽松、压力也更小，并且更加习惯使用右脑的一类人。”她回答道，“因此我想采用更多的热情，更少的咄咄逼人和过度耀眼的形象来进行演讲。”我告诉她这样可不行，并建议她以惯有的方式进行演讲。“你可以根据听众的变化在一定范围内修改演讲内容”，我说，“但是你不能把自己也给改变了”。

第二次演讲的时候，她离开讲台，眼睛直视听众，以一种不容置疑的权威方式展示项目。她承认自己更习惯于与内科医生们交流，还因此创作了关于这两种专业人员区别的俏皮话，使（脊柱）按摩疗法医生嘲弄自己的形象。他们笑着，演讲结束后，很多人围着她，想和她做进一步的交流。

领导可以修改演讲内容，强调不同的侧重点，或在恰当的时候替换一些例子或故事，从而满足不同的听众需求。但是，试图改变自己，或者试图让自己成为其他某个人则万万不可。

因此，**了解你自己，更重要的是了解别人眼中的你，是非常关键的。做自己，因为你永远不可能变成别人。要让真实的你通过演讲的内容和演讲的方式展示出来。**

巴顿将军就给自己塑造了一种夸张的形象。他头戴一顶非常精美的头盔，腿穿马裤，脚蹬高帮的骑兵鞋，手持一把象牙柄、带有镍制盘的连发左轮手枪。他这种好斗勇士的形象与他在战场上的表现是完全一致的。

他还习惯用一种粗暴的方式发表强硬的演讲，从而将部队拧成一条绳，激励部下英勇作战。你或许记得电影《巴顿将军》[①]开头部分的那段演讲。在电影的开头，巴顿将军说：

> 我要你们记住，没有哪个杂种是靠“为国捐躯”来赢得一场战争的。要赢得战争，靠的是让敌国那些可怜的杂种为他们的国家捐躯。

① 巴顿由演员乔治·斯科特（George C. Scott）扮演，电影由真实事件改编。——作者注

接着他又说：

> 现在，有一天你们要是安全返家了，你们会庆幸自己参加了此次世界大战。30年后，当你坐在家中壁炉边，腿上抱着你的孙儿时，他问你："爷爷，二次世界大战时你在做什么？"你就不用沮丧地回答："唉，爷爷在路易斯安娜州铲粪。"所以，狗娘养的，现在你们知道我是什么感觉了，我很自豪能够带领你们这些出色的家伙参加任何时候、任何地点的战争！

巴顿这种粗鲁的演讲方式反映出他了解领导部队的窍门。他的成功之处在于，他的形象与演讲内容很匹配、演讲的内容与听众也很匹配。他死后，有超过20 000士兵志愿做他的护柩者。

与巴顿形成对比的是另外一位著名的将军，乔治·华盛顿。1783年，狼狈不堪的革命军队的军官们正在策划一场阴谋。他们声称新建立的政府已经垮台，无力再供养他们。华盛顿明白，无论这些军官们的抱怨多么正当，他们的叛乱将意味着这个国家政权的解体。因此他不邀自请、毅然决然地走进这场愤怒的集会中，花了将近半个小时的时间讨论军官们的忠诚，并获得一些成效。

演讲的最后，华盛顿打开一封来自国会议员的来信，信中详细公布了用来偿还国家债务的方法。他眯着眼，把信铺成手臂那么长，然后沉默。军官们面面相觑，大惑不解。

最后，将军把手伸进口袋里，掏出一副眼镜。军官们从来没见过这位可怕的将军戴眼镜。"绅士们"，他抱歉道，"请允许我戴上眼镜，因为为了国家我不仅变得苍老，而且也几乎要瞎掉了。"

他谦卑的坦白取得了华丽演讲所不能取得的效果。一些军官感动地哭了，引用传记作者的话："透过这些闪亮的泪花，军官们似乎已经喜欢上这位领导他们这么长时间的将军了。"一场叛乱结束了，因为华盛顿敢于展示真实的自我——一种完全不同于巴顿的自我，却也显得同样的强大。

爱说

演讲与你的声望一致

首先你必须弄明白你的声望所在，要做到这一点比想象的难得多。因为问题在于，你在组织中所处的地位越高，就越少有人愿意告诉你他们对你的真实看法。所以，最好问你的同辈或是和你同级别的领导，而且这些人应该是即使他们说出真相，你发起怒来要报复也不会对其利益造成影响的。或者雇用一位工作任务本身就是诚实的执行教练。如果以上所有方法都行不通，那么，请回家问你的孩子。

其次，应该了解你在演讲时树立了一种什么样的形象。每一次演讲，你都在告诉听众你是谁。不仅仅是通过你的措辞，还包括你演讲时传递的所有信息：你的表情、眼神、动作、声音，你的感情强度、幽默感和趣闻逸事，你如何对待听众以及很多其他无形的东西。也许你希望以独特的方式塑造自己的形象。但首先，你如何才能真正明白自己的形象到底是怎样的呢？最好、最谦逊的方式就是通过镜子寻找、发现自己的形象。首先，不说话，只是盯着你的脸和眼睛，这会透露你形象80%的情况；然后，快速

地观察一遍自己，这样做会强化你的动作和姿势，而你的动作和姿势将揭示剩下20%的非语言形象部分。

最后你必须做的是停止做一件事情，那就是停止模仿其他演讲者，甚至是你最崇拜的某个人。不要让你的演讲听起来像克隆的一样（使用最华丽的词句、不停地变换句式，或者不停地使用富有冲击力、注重结果的、进行时态的词句，又或者是不停地变换范例、关键任务和附加值等，这些无疑都会抹杀你的真实性），不要再提别人的想法。相反，要反驳当前的传统看法，坚持新的立场，并竭尽全力去捍卫它。一旦你不再努力尝试让自己看起来、听起来或者想法像某个人，而是开始集中精力做你自己，你的声望和形象就会逐步树立起来。

在各种信息的综合影响下，听众会对你的立场和你所传达的确切信息做出判断。词句本身是毫无意义的，除非你用其他东西来辅助对它们的理解。所以发表公开演讲的第一个原则是：演讲者本人是移动的信息。

有关你的一切信息以及听众所了解的你的一切都应该能够支持或反驳你所说的话。因此上讲台之前请确认你想说的话以及你想用的表达方式是否符合你的形象。记住：你不仅是传达信息的人，你本身就是信息。

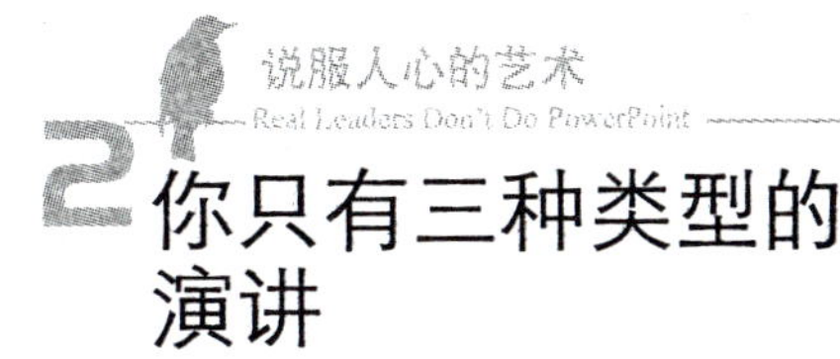

2 你只有三种类型的演讲

其他人可以为了传达信息而说，但你不行。因为你是领导（或者是有志于做领导的人），而领导通常都怀有崇高的目标。他们为以下三个理由之一而演讲：

- **为了一种认同感**——告诉听众他们是谁，或者他们能成为什么样的人；
- **为了影响他人**——塑造听众的思维方式；
- **为了鼓舞士气**——使听众愿意付诸行动。

作为一位领导，你的演讲目的应该是交流看法、指明方向、明确目的以及给予行动的动力。演讲时越是重视表明事实和图表，你就越是不像领导。

为了一种认同感

领导们告诉听众（或者在看起来听众似乎已经忘记他们是谁

的情况下提醒听众）他们是谁——是什么把他们联系在一起，并使他们变得独特、与众不同。搞政治的领导们总是擅长这么做。他们总是喜欢定义我们是谁，我们是属于某一党派（“我们民主党人”或者“我们共和党人”）或者属于某一国家（“我们美国人”）。这正是罗伯特·肯尼迪在马丁·路德·金被刺杀之夜发表演讲时所采取的方式。当时罗伯特·肯尼迪没有采纳智囊团的建议，走进一个主要由非洲人和美国人组成的人群中告诉他们这个可怕的消息。肯尼迪告诉听众自己与他们的共同之处所在，提醒他们，他也能体会这种失去喜爱之人的心情有多么难受，但是他迫切希望听众们能尽快地从悲痛中走出来：“美国正处于艰难的日子、艰难的时刻，也许问问自己‘我们到底是一个什么样的国家’、‘我们应该走向何处’才是我们现在更需要做的。”

军队的领导通常也用这种手段。海军训练军官知道他们训练新兵的目的不仅仅是教会他们战略战术，同样也是对他们进行认同感的教育。他们灌输价值观、道德观“傲人的少数精英——就是陆战队”（the few, the proud, the marines）。道格拉斯·麦克阿瑟将军在西点军校的讲话也采用同样的方法，对那些即将成为陆军军官的人强调分享和核心价值，“责任、荣誉、国家”（duty, honor, country）。

商业领导同样也这样做。他们强调组织的价值和历史、公司独特的目标或风格以及公司的成就。他们总是以某种形式，直接或间接地明示“我们是谁”或者“我们应该是怎么样的”。

例如，在2005年国际会议上发表题为“e-Bay生活”的演讲时，易趣公司总裁梅格·惠特曼（Meg Whitman）简略地追溯了公司的历史以及公司创始人的目标。她指出在场的是些什么人——这些人分别来自50个州和62个国家，同时她宣告了大会的主题——“我们所有人的力量”。她的整个报告都在阐明关于我们以及我们是谁。

爱说

团队认同感

对于公司或组织来说，认同感和使命几乎是不可分离的。企业演讲家通过追根溯源寻找认同感：我们是谁？是什么将我们联系在一起？是什么把我们区别开来或令我们与众不同？我们的过去是怎样的？我们经历了怎样的演变？我们的创始人是谁？是什么激励着我们的创始人前进？创始人的目标是什么？我们提供什么样的产品或服务？这些产品和服务是如何得到逐步完善的？哪些人受益于我们的工作？哪些人是我们的客户？在过去的这些年里我们的客户经历了那些变化？“我们是谁”是如何影响我们的行为的？我们的行为又是如何造就“我们是谁”的？

“e-Bay远不止一个人们网上买卖物品的市场那么简单，”惠特曼说，“它是一个现实的社会，是一群利用网络巨大潜能的人所组成的繁荣社会。”所以，要是你在发表一场“认同感”的演讲，那么一定要强调你与听众之间的共同点以及听众彼此之间的共同点——价值观、历史或者是使命等方面。告诉他们是什么让他们不同于其他人、优于别人，从而鼓励他们变得更好。

为了影响他人

影响他人不是告诉听众对某一件事的看法和感受，而是从总体上塑造他们看待事物的思维方式。一旦你这么做了，再让他们按照你想要的方式去做就很容易了。

领导们总是拥有目标或梦想——一种对于美好未来的向往和憧憬。他们不厌其烦地说着，充满激情地说着，有些描述非常迷人，使听众也看到了领导们已经看到的远景。这需要激发听众的想象力，而这正是PPT所不能做到的。PPT可以展示词句、图表、插图、照片甚至是视听片段，但它就是不能激发听众的想象力。

以马丁·路德·金的“我有一个梦想”为例，“当在美国佐治亚州的红色山顶上，农场奴隶的儿子们与农场奴隶主的儿子们能像兄弟一样围坐在一张桌子边上的时候”——PPT能帮助听众看到他所描述的场景吗？即使PPT在他那个年代就已经诞生了，甚至能够展示一个大到足够500 000名游行者看清的幻灯片，马丁·路德·金又能展示什么呢？什么也不能展示！因为他所描述的东西还是不存在，只能想象出来。能够被制作出来的幻灯片在他那充满智慧的眼睛里显得苍白无力、没有生气。

在商业世界中，影响别人和取得目标是密不可分的。史蒂夫·保罗·乔布斯——苹果公司的福音传播者和品牌代言人，曾经发表了一场激动人心的演讲。之所以说这场演讲激动人心，是因为演讲不仅涉及芯片、电路板、操作系统和硬件的销售，更涉及销售经验的分享；演讲宣传的不是技术本身，而是技术能为听众带来的服务。比如当介绍30GB的iPod随声听时，他不是在解释iPod是如何工作的，而是在介绍 iPod 是如何使人们的生活质量得到提高的——它能使拥有者可以存储 7 500 首歌、25 000 张照片以及接近 75 个小时的视频。

正是乔布斯的眼界以及他和别人交流的激情，使得苹果公司尽管所占市场份额不大，影响力却很巨大。乔布斯的听众能看到他所看到的东西，同时也很喜欢他们所见到的景象。

安妮塔·罗迪克（Anita Roddick）是美体小铺（The Body Shop）的创始人和前任总裁，她也是一位激动人心的演讲家。之所以这么说，是因为她的演讲不谈皮肤护理，也不谈保湿乳液——这些都是她们公司的产品。相反，她激情四射、不厌其烦地讨论机会主义商业不仅要做好，而且要做得更好。罗迪克的目标已经被总结出来，并公开写进美体小铺的使命宣言中了——“使我们的企业致力于追求社会和环境的改变”。

罗迪克于 2003 年被英国女皇授予爵士爵位，在接下来的几年里，美体小铺被推举为英国第二最值得信赖品牌。这些都主要归结于罗迪克个人的眼界，以及她与听众充满激情的愿景交流。

你的目标是什么？你能否使之变得具体而明确，同时还令人向往、具有吸引力？你的目标是如何影响你的世界观的？首先应该充分发挥你的想象力，然后再将你绚丽的想象牢牢地植入听众的心中和思想里，这就是你的影响力。

为了鼓舞士气

鼓舞就是点燃听众行动的愿望。“鼓舞”（Inspiration）字面上的意思是“吸入”，在这里就是将生命和活力灌输给你的听众。但

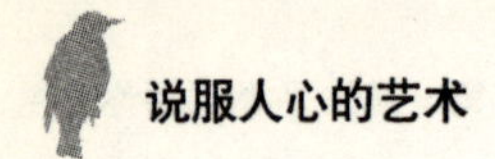

这并不是要你教听众一步一步地如何去做，而是要你给他们行动的动机和愿望，并且让他们觉得有希望达到预期目标。“如果你希望人们建造一艘轮船，那么你不能逼迫他们去搬木材、划分工作、安排顺序，” 圣·德克旭贝里（Antoine de Saint-Exupéry）——《小王子》（*The Little Prince*）的作者这样写道，“相反，你应该使他们对一望无际的大海产生一种渴望。”

军事领袖们在发动战争之前、政治领袖们在重大时刻面前、教练们在看到运动员们任务进行到一半的时候……都明白一个道理，那就是人们需要的不是更多的指示，而是更多的鼓舞；不是更多的“怎么做”，而是更多的“你能行”。任何其他领域的成功领导们也都明白这一点。

1963 年玫琳凯·艾施仅仅用 5 000 美元就在达拉斯的一个店面成立了玫琳凯化妆品公司。刚开始只有 9 位“美丽顾问”（女销售人员）挨家挨户去销售产品。在玫琳凯·艾施乐观的精神和慷慨奖励政策的激励（奖品为著名的粉色凯迪拉克轿车）下，在她福音般演讲的鼓励下，现在该公司已经发展壮大为拥有遍布 32 个国家超过 1 500 万销售人员的大公司了。她相信女性有能力获得成功，并努力帮助她们树立信心。“你可以拥有这个世界上任何你想要的东西，”她经常对这些女销售人员说，“你若想拥有足够多的东西，就必须愿意为之付出代价。”

她死后，公司负责市场和销售的总经理为她写颂词道：“她从来不关心、并且极其坦率地面对公司生意到底做得有多大，她所关心的是女员工们，这才是她真正的遗产。她说这不是盈与亏（profit and loss）的问题，而是人与爱（people and love）的问题。[1] 玫琳凯对这两个字母做出了另一番解释：它们也意味着人与爱（people and love），若以这种方式与 P 和 L 打交道，自然会受到盈利的青睐。她相信自己，也令公司里的女性们感到自信。”

了解听众，知道他们所关心的、害怕的、失望的、更重要的是，要了解他们的希望和梦想。不要告诉他们如何去做或者应该有什么样的感受。相反，应该给他们行动的理由，然后支持他们，你会为他们所取得的成绩感到惊讶。

作为一位领导，在做以上任何一种类型演讲的时候，都不要从头到尾死板地为某一个目的演讲。你还应当欢迎来宾，说一些祝词，介绍其他的演讲者或贵宾，来一个即兴演讲等。这里提供一些小窍门：不论之间有何区别，领导们的演讲都不会超出以上三种类型的范围。这些演讲能够提醒听众他们是谁，他们能做什么，给他们一种看世界的新方式，甚至是一个他们未曾想象过的世界。

通过演讲不仅要让你的观点深入他们的脑，更要让你的观点深植于他们的心。

① 玫琳凯化妆品公司的徽标上两个字母 P 和 L 的含义是盈与亏（profit and loss），两者就像昼与夜一样主宰着这个世界。把握失准，就会与 L（亏）握手；把握得当，就会与 P（盈）拥抱。——作者注

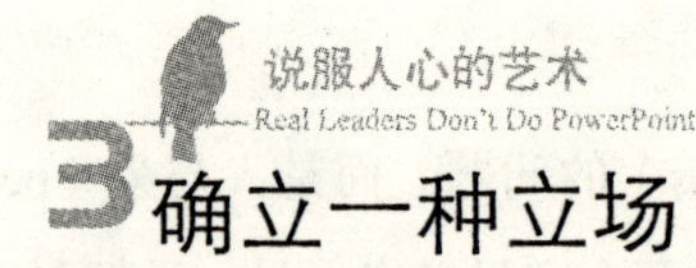

3 确立一种立场

如果你正要不辞辛劳地准备和发表一场演讲，那么你还是说一些自己非常确信的、听众也需要并且乐意听到的内容吧！

事实上，作为一位领导或一个想成为领导的人，人们都希望你很有见地。人们指望你树立鲜明的旗帜，而不只是谦恭地挥舞着同别人一样的小旗。

要树立自己的观点，你需要每天提高一点点，从而建立起强大而全面的原则。登上盖茨堡演讲台的时候，林肯究竟描述这场战争了没有？特瑞萨修女是否列举了赞成者和反对者无私的爱？肯尼迪是否详细描述了个人可以为国家服务的无数途径？不，他们没有。可是他们真挚的感情、清楚的描述以及强有力的演讲表达了这些事实，并且紧紧地抓住了听众们的心。“当勇者坚持自己的立场时，”受人尊敬的葛·培理（Billy Graham）曾说，“其他人的背也会跟着挺起来。”

领导所采取的立场与他的性格或者声望有着一定的联系。这种联系不随演讲的改变而改变，它体现在每一场演讲中，而且是

领导们潜在的台词、途径和方向。

今天，有许多关于个人品牌的说法，我讨厌这种说法。你们和我都不是被打包出售的日用品。我宁可为某一个立场而说，也不想为成为某一种品牌而讲。但是，事实上，这两种说法潜在的含义都是关于如何以一贯的方式向世界表达一种可以信赖的形象的。

那么这两者之间到底有什么区别呢？无论如何，采取某种立场更多的是关于原则以及坚持这种原则的意愿，而品牌化则更倾向于为市场化或是为公共关系而发明的一种方法。

“现在我坚持自己的立场，其他的都不做了。”马丁·路德·金告诉国王查尔斯五世说他拒绝放弃原有的宗教信仰。马丁·路德·金没有成为一种品牌，但是他有自己的原则并且坚持了它们。

一位我培训过的著名政治家曾经就如何回答媒体提出的重大的、特别棘手的问题征求我的意见。“告诉我你的立场，”我回答道，“然后我会帮助你形成一种立场宣言。”

他毫不迟疑地转身求助于他的参谋道：“关于这个问题我应该站在哪一方？”那就是我们的最后一次会面。

对于有胆识的领导，有三种基本的立场：

与谁同盟

领导与人们站在一起，帮助他们认识自己，并影响和鼓舞他们。在令人恐惧的西班牙舰队发动战争之前的日子里，因为担心女王的生命安全，我曾经提醒伊莉莎白女王不要走进部队里去。但她还是去了，她反驳道：“我不希望生活在对我抱有忠心和喜爱的人们的不信任之中。让暴君们害怕……在这个时候我来到了你们中间，这不是我的娱乐或体育运动，而是我为解决问题而采取的行动，在这场战争的中间和心脏所在，我要和你们所有人生死在一起。”

相同的，约翰·肯尼迪在发表著名演讲“我是一个柏林人”（*Ich bin ein Berliner*）时声称他和这个分割的城市的人们团结在一起。安华·法萨达特（Anwar El-Sadat）也曾勇敢地告诉以色列议会他的立场：“今天我来到你们中间，有足够的理由让我们过一种全新的生活，创建和平的环境。我们所有人都热爱这片土地以及这片土地上的上帝；我们所有人——穆斯林教徒、基督教徒、犹太人，以及所有值得尊敬的上帝。”

为了表明与听众在一起的决心，你要说“我”、“你们”和“我们。”大部分领导都会说“我们”，并且会不断地明示。通过和听众的这种认同感的加强，你帮助他们确定了身份，而这正是作为领导发表演讲最重要的目的。不要只是不停地说“我和你们在一起”，而是应该说“这就是我们是什么人——我和你们在一起。”

你和谁结成同盟呢？

代表什么

领导对某件事必须要有自己明确的立场，有时甚至要坚持它坏的一面。主张安全、幸福、繁荣和正义是很容易的；那么主张为争取安全、幸福、繁荣和正义而需要的另外一个层面的立场，或者主张一些有争议的方式，又会是怎样的一番景象呢？

林登·约翰逊（Lyndon Johnson）总统，来自于实施种族隔离政策的南方，1965 年他在国会上发表演讲，敦促国会废除禁止黑人参加选举的法律。“今夜，我为人类的尊严和民主主义的使命而说，”他说，“这儿不存在宪法的问题，宪法已经说得很明白。也不存在道德问题，这是错误的，而且是完全错误的，去否认我们任何一位美国人在这个国家的选举权。同样不存在州权或是国家权力的问题，现在只是为人权而奋斗。”林登·约翰逊总统的立场再明确不过了。

某州代理机构副主任要定期向其他州的代理机构做报告，目的是为了获得其他州的支持从而取得其他州的财政资助，支撑庞大的基础项目建设，但是他鲜有成功。他的老板让我和他一起努力，以提高成功的几率。在进行下一次演讲之前，我听取了他计划说的内容。他明确地列出了项目的内容和范围、延期的原因、追踪项目进展的三种途径。最后，我问他，“那么你推荐这三种中的哪一种方法？”他回答说做出这种选择并不在他的职责范围之内。“最终，”他说，“有权力做出决定的是听众而不是我。”“但是你是专家，”我说，“你的职责在于说服他们。现在你只是给出几种可能供他们选择，却把自己置身事外。你自己必须采取立场，做出最好的选择。”

你可以为支持各种各样有意义的事件、案例、政策或者项目而演讲，但是只有最后你采取了自己的立场，听众才会给你信任，支持你。为了支持这种改变，也就是你为某事演讲时所做的事情，无需分享这种改变所带来的风险和挑战，这正像政治家们在发表竞选时所做的承诺一样。

你支持什么样的立场或政策呢？

反对什么

领导们对他们不能忍受的事情表示强烈的反对。他们拒绝掩饰自己的不同观点或者拒绝对他们认为不好的事情视而不见，即使这样做可能要面临很大的压力。

奴隶制度废止论者和前奴隶弗雷德里克·道格拉斯（Frederick Douglass）被邀请参加1852年的独立宣言签订纪念仪式。“7月4日是你们的，而不是我的，”他对白人听众说，“你们可以庆祝，而我却只能哀痛。”接着他发表了历史学家认为最感人的演讲。“此刻，我们与上帝和受剥削、受压迫的人们站在一起，以愤怒的人性的名义，以戴着镣铐的自由的名义，以被忽视的宪法和圣经的名义，以我所掌握的所有证据，敢于责问和谴责所有服务于永久奴隶制度的事情。”

反对某事——一项政策、一个已经被接受的观点、一种做生意的方式——可能是如今领导所能做的最具有冒险性的事情。然而，同时这也是形成听众的认同感（“这是我们所不能忍受的”）和影响听众思维方式（“我们不能这么想，这么做或者有这种感觉”）的最有效途径。

你反对哪一类人，哪一个组织，哪一种立场、政策、法规、或者条例呢？

如果你想成为一位广受欢迎的演讲者，如果听众为你最支持的立场而鼓掌，你就要避免说一些尖锐的、决定性的或者有争议的言论，要含糊，不要轻易给出承诺。明白听众希望你说的，并说出来。但是如果你希望能够发表领导那样的演讲，就是另外一回事了。

正如一首老乡村歌曲的标题所说，“要么坚持某种立场，要么什么也不是”（You Gotta Stand for Somethin’ or You’ll Fall for Anything）。

要想塑造领导的形象，你必须对自己的立场做出选择，甚至是坚持最具有争议性的问题，这种立场必须明确而坚定。

4 掌控现场

你正坐在主席台上，下一位就轮到你了，当然，发言的顺序已经很巧妙地评估你们的竞争力了。问题是，由于嫉妒，你会认为首先发言的人也未必能更加一鸣惊人，即使她冲破乌云、沐浴在阳光下；镇定自若，一切尽在掌握之中；拥有洪亮而富有感情的声音、很自然的表达方式和富有影响力的华丽语言。

然而，所有这些很快就会令你的嫉妒烟消云散，取而代之的是你的崇敬之情，因为你感到她对你的影响不仅是理性的而且是感性的。你感到你自己以及听众们都随着她激情的演讲而心潮澎湃。她拥有这种魅力！

魅力到底是什么？你也能获得一些吗？

非凡的领导能力很容易被发现，但却很难被定义。我认为它是一种个人属性，赋予某人以一种出众的“电荷”，一种特别的吸引力，一种能够激发听众，并从内心深处影响他们的人际关系能力。

单词“charisma”（非凡的领导能力，魄力），起源于希腊语，意思是“天赋”或者“上帝垂青”。那就是说，这种非凡的领导能力并不是因个人意愿或者去工厂工作，又或者通过阅读《普通人的非凡领导能力》（*Charisma for Dummies*）就能获得的（尽管书中提供了很多的帮助和信息，福特公司的总裁卡特先生，老布什和小布什，他们都没有获得有关非凡领导能力的学位）。

我认为人可以分为两种，即具有非凡领导能力的人和不具有非凡领导能力的人。**非凡领导能力确实不是能通过后天学习获得的，但是领导们能够培养掌控现场的能力。**这其中包括你要确实深刻地认识到自己是谁以及你的相关联系——你和听众之间这种确实的联系是怎样的。

比如，我曾经遇见过一位CEO，他即将上任取代之前那位CEO——一位真正的天才演讲家。当这位即将上任的CEO示意我进入他的办公室时，我发现附近充斥着电话铃声以及步履匆匆、川流不息的人。只见他镇定地关上门，并交代他的助手帮忙处理电话以及推迟一些会议。

然后，他握着我的手，直视我的眼睛，这段时间完全属于我们两个人，他把全部注意力放在我的身上。那一刻就好像只有我一个人与他有关。

然而，看他演讲的录像带时，我发现他看起来局促不安，不太自在，说话的声音显得很紧张，而且音量大得有点儿没必要。我问他演讲的目的是什么，他说，“我在尽力引导人们朝我的想法上靠。”

“适合他的方法，”我回答道，“未必就适合你。”这位未来

CEO的天赋在于联系别人而不是具有非凡的领导力。那正是我鼓励他重点强调的，因为只有当你与自己、听众以及那一时刻联系在一起的时候，你才是真正存在的。当你站在听众面前的时候，这种存在就会赋予你一种独特的力量。

例如阿尔·戈尔（Al Gore），作为一位政治家和总统候选人，他绝不是你们所称的热烈的演讲家，即使时至今日，他也很难被冠以非凡领导的称号。但是，自从他开始做有关气候变化的演讲后，许多人就开始对他的演讲如何呈现指数级的改善而发表评论。在这场演讲中，他变得更加放松，更加具有个人魅力并且更具说服力。这是为什么呢？因为他找到了热情所在。他的激情来自于这种与听众之间的新的、非常明确的联系。

爱说

占据主动地位

面对这个事实——你可以不是让听众狂热追随的演讲者，这里有一些小窍门可以使你变得更有吸引力，而且可以占据更主动的地位：

做你自己。不要模仿任何人，即使是你所崇拜的演讲家。每一件事情都要让你变得与众不同——从你的外表到你的信仰、你的经验、你的幽默感，这样做可以赢得人们的注意和尊重。

集中注意力。这一点就像听起来那么简单，这是事实——这种演讲现场的存在感意味着根植于现场，不被其他事情分散注意力或被其他事情缠身。集中注意力的最佳方法有二：(1) 注意自己的呼吸；(2) 笑（那是听众喜欢演讲者的理由之一，这类演讲者嘲笑他们自己，并且令听众发笑）。

感兴趣。要让别人对你的演讲内容感兴趣，首先你自己要对你所说的内容感兴趣。其次要对你的听众感兴趣，并且对听众可能的反响感兴趣。还要培养好奇心和勤学好问的态度，决意不谈论你不希望知道更多的一些事情。

不怕献丑。不要担心干蠢事。不要总是对自己的每一句话，每一个动作再三评论。让你的热情和吸引力自然地流露出来。

建立和谐的联系。不论是在办公室里与少数几个人谈话还是在拥挤的大礼堂里发表演讲，你都要和听众建立一种和谐的联系。直视他们的眼睛，像对待朋友一样和他们谈话。李·格利克斯坦（Lee Glickstein）是国际演讲会（Speaking Circles International）的创始人、个人魅力专家，他说："每一句话都要入其他人的眼，入其他人的心。"把演讲看成是帮助他们取得他们想要的东西的一种途径。让他们知道你是多么关心他们，那么他们也会关心你所说的内容。

坚定立场。有领导欲的人是不会轻易被支配或摆布的，他们有自己的立场，这一点同样体现于有辩才的演讲家身上。坚定立场，想象你固定在地球的某一点上，球体的力流穿过你。你的移动，是因为某种目的，而不只是因为速度。

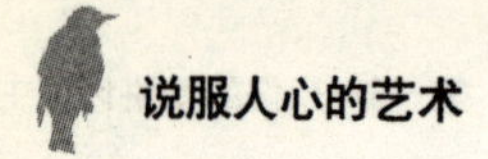

与你自己的激情联系在一起，与你的听众联系在一起，让他们知道你所思所想均是为了他们。这样，你就不用担心自己是否拥有非凡的领导能力了。你将拥有由此带来的东西——不论它叫什么，赢得听众的心，这就已经足够了。

5 敢于与众不同

领导们不按规则行事。他们敢于冒风险，做事常常出人意料。在听众面前，他们常常出其不意。他们避开大多数其他演讲者的预期做法——预期的东西总是令人厌烦的。他们总是喜欢使自己和所传递的信息令人难以忘怀。

奥斯卡奖颁奖晚会通常会令无辜的听众不得不面对一贯最令人厌烦的、废话连篇的演讲。（总统的——任何一位总统的国情咨文位居第二令人厌烦的演讲。）这就好像在奥斯卡奖的典礼上，每一位演员、每一位制片人、每一位导演都在为同一个剧本而演出。每一场演讲都以假装得奖令自己很惊讶开始，然后很快进入到对一大堆人的致谢中去，这些人员的名单几乎与电影结束时字幕上的一模一样。全是空话、大话、废话。

听众开始变得躁动，盼望插播广告。但是，在这整场过于冗长的庆典上，也许会有那么一次或两次，有人勇敢地站起来，说一些真心实意的、有深刻见解的、出人意外的话。这些人会比在

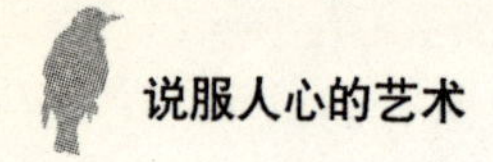

场的所有其他明星都令人瞩目。

大多数人充其量都属于不好不坏的演讲者。大部分领导发表的演讲就像背景音乐一样——令人愉悦、不痛不痒、转眼就被遗忘。倘若以这些人为榜样，就没有人会注意、关心，或者记住你所说的话。**要使自己脱颖而出，使你传达的信息令人难以忘怀，你必须与众不同。**

你可以通过两种方式做到这一点：你可以说些与众不同的东西，或者采用与众不同的演讲方式。

说些与众不同的内容

为什么要说一些听众已经知道和相信的，或者任何其他演讲者都能告诉他们的内容呢？这样做只会令人厌烦。你的目标是在某种意义上改变听众——改变他们看待这个世界或看待他们所在地方的方式方法，改变他们认为他们能做到的想法，改变他们做事的理由。因此，你所传达的内容不能一成不变、老生常谈。

坚持自己的立场，公然违抗人们的预期。说一些直指核心的话，例如“顾客永远是错的”或者“比其他人工作更长时间并不是一种荣誉而是一种坏习惯”。捍卫你所有的立场，用你的勇气热情洋溢地投入到这场辩论中去。最后，也许你会让听众甚至是自己都大吃一惊。

对于每一件事情来说，它总是有其他的方面、其他的看法以及其他的选择。真正的领导除了能看到其他人看到的，还能看到其他人没有看到的。尽管与其他人说的是同一件事，他们却能说出不同的方面。

作为总统，理查德·尼克松留下了一些污点，但是，一贯拒绝做意料之中的事却令他尽显领导之风。他是反共的强硬派人物，因此，当他宣布访问中国的意向之后，全美以及全世界都为之震惊。在很不光彩地离开白宫数年之后，他拒绝了在共和党全国代表大会上发表致辞的邀请，而这种邀请将对修补他的名誉大有帮助。当人们问他为什么要这么做的时候，他说，“人们希望我支持共和党候选人，然而，领导永远不能做预料中的事情”。

苏格拉底在向陪审团（该陪审团发现他犯有“腐蚀青年”罪）发表演讲时做出了惊人之举。他拒绝请求宽大处理。相反的，他利用最后一次公开演讲的机会，竭力颂扬以自身所能寻求美德的价值。

艾森豪威尔所做的总统告别演讲令全国震惊。他是第二次世界大战中前盟军最高司令以及冷战时期的坚定战士。在离任之前他警告国家存在“军事工业集团”（the military-industrial complex，艾森豪威尔创作的术语）的危险。

林登·约翰逊在关于越南战争的全国电视讲话中所说的最后几句话令人震惊，他宣布，“我将不寻求、不接受我所在党派提名的候选人作为下一任总统。”

在政治、经济和社会事务中，听众喜欢听，同时也会尊重、记住敢于说出意想不到事情的领导。

说法与众不同

你也许不想或说不出一些新的东西，如果是这样，那你至少可以用与众不同的方式进行表达。

一位非营利机构的执行主任需要在其他非营利组织领导们在场的大会上发表简短的演讲。大会规定，她只有15分钟的时间用于阐明她所在机构面临的主要挑战以及解决办法。另外4位执行主任将在她之前就同一项目发表演讲，和她一样也只有15分钟时间。每一位演讲者都站在讲台后的半暗处，旁边是舞台的中心位置，用来放映幻灯片屏幕。

轮到她的时候，她能感觉到听众已经想打瞌睡了。于是，她把投影仪关掉，并叫人把观众席的灯打开。她将麦克风拿在手里，离开讲台，走向中间的过道。

"我想与众不同地利用这规定的15分钟时间，"她说，"我将尽可能简单地告诉你们我所在的机构做了些什么，以及我们为什么这么做。然后，以你们在非营利机构任领导的经验，以及你们从其他演讲人员那听到的一些相关内容，我将请你们告诉我，我所在机构面临的挑战是什么。如果可以，我将告诉你们，我们是如何调整自身来解决这些问题的。"

随后，她用准备好的备注回答了听众们提出的大多数问题。听众们的积极性被调动了起来，他们认为她是最突出的一个，在此次大会的剩余时间里，他们都在讨论她的演讲。

1996年，伊莉莎白·多尔（Elizabeth Dole）介绍她丈夫——共和党总统候选人的时候也用了同样的方法。"现在，你们认为惯例是在共和党全国代表大会上，演讲应该站在固定的讲台上，"她说，"但是，今天晚上我想打破惯例。我这样做的理由有两个：首先，现在我是在和朋友们说活；其次，我打算谈论我所爱的男人。而在你们中间和你们谈论这些话题会令我觉得更舒服一些。"她手拿麦克风自信地走向听众，就像表演脱口秀一样。

不要只是为了与众不同而与众不同，甚至不要努力去与众不同。不要尝试使自己看起来、听起来像其他某个人。做你自己，如果这样做还不能让你变得有点不同，那么问题就有些严重了。只是因为在你所负责的项目、你所在的组织或者你所在的领域里的每一个人都在使用幻灯片，或者都站在讲台后演讲、都遵循统一的规则，你就也这样做是完全没有必要的。

“‘安全第一’是人类50万年来的座右铭，”由《世纪之交》杂志（*Turn-of-the-century*）的赫伯特·卡森（Herbert N. Casson）所创造，“但是，这句话从来不是领导们的座右铭。领导必须面对危险，他们必须冒险，必须学会接受责备、接受暴风雨的洗礼。”

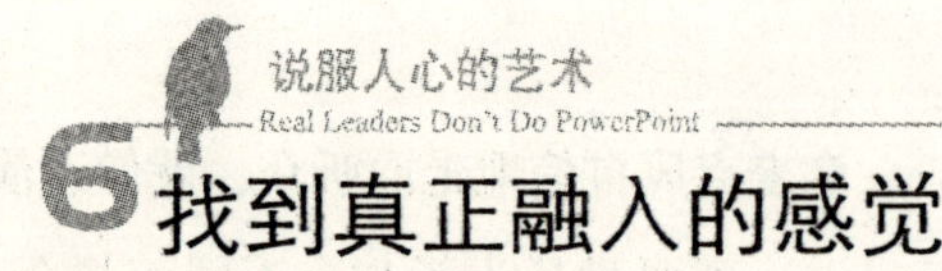

6 找到真正融入的感觉

不论自认为有多么了不起，也不论你的公司股票市值有多高，或者你经常接受美国亚洲财经 CNBC[①] 的采访。除非你让他们知道你所关心的，否则听众不会关心你知道些什么。

关心听众——他们的希望、目标、改进——就像所有的演讲家一样。没有这些对听众的关心，你将只是某项议程名单上的一个成员而已，不可能对听众造成什么样的影响，也不可能达到鼓舞听众的目的。

关心听众并不意味着你必须喜欢他们，尽管你需要他们的帮助。关心听众甚至并不意味着你喜欢和他们在一起，尽管这样会让你和他们的谈话更加容易。

相反，关心他们，意味着要知道什么对他们有好处，而后利用你的演讲作为帮助他们获得这些好处的一种途径。要想让听众明白你关心他们，最好的方法是，展示出你所说的话能够帮助他

① CNBC，为美国 NBC 环球集团所持有的全球性财经有线电视卫星新闻台。——译者注

们解决问题、取得目标或者满足某种需要或需求。

如果你不喜欢你的听众，或者不关心他们的问题、目标或者需求，那么，解决的办法也很简单：不要和他们讲话。否则，他们会感觉到你的反感，这样就会浪费你们彼此的时间。

这种对听众的关心不能仅仅是哲学上的或者是理论上的，它必须能被听众感觉到。

以奥普拉为例，她是特别的。她可能不会喜欢你，也许你压根也不想被她喜欢。但是，谈到如何对听众表示关心的话题，你可以从她身上学到很多技巧。让我们看看她做过的一些事情，你也许可以从中受到启发。

- **诉说你的故事。**奥普拉向听众谈自己贫困的童年生活（她在6岁的时候才拥有第一双鞋子；她的父母从来没有结过婚；她被迫在母亲、奶奶和父亲之间被轮流抚养）。她谈到自己经常被性骚扰。在说所有这些，还有其他更多关于她自身的事情的时候，她并没有自我可怜的意思。由于她大胆地讲述自己的故事，她也同样允许别人说出他们自己的真实生活。
- **强调你们的共同点。**奥普拉是世界上最富有的女性之一，然而，中产阶级、中年妇女们都很崇拜她，并把她作为“我们中的一员”。那是因为她们认同她所经历的艰辛人生，也认同她为减肥、应付各种人际关系以及繁忙的日常工作安排所做出的不懈努力。

- **倾听**。在节目中奥普拉倾听特邀嘉宾们的讲述，通过同事倾听全国电视听众的心声——最重要的是，她倾听电视节目观众中女性的心声。
- **会话式演讲**。例如，奥普拉在韦尔斯利学院（Wellesley College）毕业典礼上的演讲与她的任何一次电视节目一样是非正式的、会话式的。她用简单的语言，说许多的“我”，但更多时候她说的是“你们”。当她说“你们”的时候，她不是随便地说，而是对着正好在她面前的人们说。
- **推崇永恒的价值观**。奥普拉时常谈论有关自我接受、宽恕、同情、感恩以及回报社会等永恒的价值观。
- **勇于面对事实并积极寻求解决办法**。奥普拉直指一些实质性问题，例如虐待、忽视儿童，殴打妇女，离婚，癌症，抑郁等。她并没有简化它们的起因或者淡化它们的严重后果，但是她却从来不会抑郁和沮丧，因为她总是竭尽全力寻找一个支撑点，从而使生活变得更加美好。
- **建立慈善机构**。奥普拉将收入的10%左右用于慈善事业。她发起并资助爱心团体。她的网页www.oprah.com上有许多联系和资助爱心团体的链接，以及相关的信息版块。

然而，我们要知道，关心听众并不意味着你与听众之间的每一件事情都充满着罗曼蒂克。也许，你会对他们感到抓狂、失望，甚至会被他们冒犯。你可以反对他们，不喜欢他们的思维和行为方式，你甚至可以坚决地反对他们所拥护的每一件事。你的目的可以不是为了取悦他们，而是挑战、面对、最终完全改变他们。

如果你相信你所主张的这种改变将有益于他们，并将提升他们的幸福指数，只有在这种情况下你才可以帮助他们做出一些改变。当然，他们也必须相信这一点才行。

要使听众从骄傲自满中醒悟过来并不违背关心他们的愿望，但是，这么做需要得到听众的支持，这就要求你让他们明显地感觉到你确实是在关心他们。

怎样才能让听众明白你对他们的关心呢？你是某个问题的专家，而且你花了大量的时间去了解听众，了解他们面临的挑战以及他们所拥有的希望和梦想。你认真倾听听众的心声，对他们提出的建议给与充分的尊重。你公正而明智地评论他们存在的问题，并对他们为改变所做出的努力表示赞赏。这样听众就能明白你是在关心他们。

对于初次演讲的人来说，首先应该竭尽所能地了解听众。要了解他们所关心的问题、目前的状况、他们的背景以及专长。否则，你甚至连想都不要想站在讲台上发表演讲。

其次，充分表现你的热情，从而调动听众的激情。“演讲者的激情将决定听众的激情。”罗杰·艾尔斯（Roger Ailes）[①]说道。因此，演讲的时候要将自己的满腔热情充分展现出来，整个过程不能太单调。要用富有冲击力的语言方式来表达你的观点，从而展示你的关心。

最后，要处理这个问题：避免挑拨双方的怒火，或者只是把他们一脚踹开，放弃想改变他们的尝试。因为那样只会令你感到非常紧

①曾历任美国三届总统的资深政治顾问，现任福克斯新闻（Fox News）的总裁。——作者注

张从而发表差劲的演讲。

你不应该为他们对你的看法而发火，那样是不合适的，应该让你的头脑保持清醒。女演员阿什莉·贾德（Ashley Judd）每次登台演出或者参加记者招待会，都会反复提醒自己说："其他人怎么看我与我无关。"不要放弃对听众的关心，而要放弃对听众看法的关心。用坚强的爱去给与他们足够的关心，从而帮助他们。换而言之，要更加关注你正在做什么（说什么）、你所谈及的内容以及听众将从你提供的信息中获得什么，而不是关注别人对你的看法。

只有放弃这种急切的想去讨好别人或者给别人留下深刻印象的做法，你才能集中精力做好演讲。你也才能享受到你正在做的事情给你带来的乐趣，也就更有可能成为杰出的人，并能全身心投入到你所从事的工作中去——帮助你所关心的人。

难道我不是女人吗

1851年，索杰纳·特鲁斯（Sojourner Truth）[①]在位于俄亥俄州亚克朗市的俄亥俄州妇女权利大会做演讲。我选择她的演讲《难道我不是一个女人吗?》作为范例是因为这场演讲涵盖了我所推崇的一个领导演讲所应具备的三个要素。首先，特鲁斯的声音——爽快、直接、简洁，是非常有特色的。没有任何其他人可以说和她相同的话，而听起来不像是一个骗子或者一位在演戏的演员。其次，她的演讲能让你认识她是个什么样的人：一位遭受很多苦难的女人，但却从来没有自认为是一位受害者。最后，你怎能不被“难道我不是女人吗”这句话所感动，即使她身材高大?

好吧，孩子们，这里那么吵闹，一定是有什么不对劲的地方。我们南方的黑奴和北方的妇女没有一个不在谈论权利。再这样下去，白人男子汉们可要难过了。但是，我们这样喋喋不休，到底在争论什么呢?

那位男士刚才说，女人上马车、过沟渠都要男人扶，还处处要求坐最好的座位，然而从未有人扶我上过马车，

① 原名伊莎贝拉·鲍姆弗里（Isabella Baumfree），出生于奴隶家庭，从19世纪40年代初开始宣扬她的主张。之所以改名为索杰纳·特鲁斯是因为她觉得主召唤她“周游全国，向人们指明他们的罪孽，并向他们昭示神的旨意”。她改名后的姓“Truth”是“真理”的意思，名“Sojourner”是“旅居者”的意思。作为一位前奴隶，她是一位坚定的废奴主义者和妇女权利的倡导者。——作者注

跨过泥潭，给我留一个好的位置。难道我不是女人吗？看看我，瞧瞧我的手臂吧！我耕过田、种过地、收过谷，做这些没有人能比我强。难道我不是女人吗？我能和男人干同样多的活儿、吃同样多的饭，如果有可能挨鞭子的话我也能忍受同样的鞭打。难道我不是女人吗？我生过 13 个孩子，眼睁睁地看着他们中的大多数被卖给别人当奴隶。当我为此痛不欲生的时候，除了耶稣以外，没有人听到我的哭泣。难道我不是女人吗？

于是，他们大谈起脑子里的那个玩意儿，他们管它叫什么来着？（“智慧”有人轻声说。）对,就是那玩艺儿。天哪，那跟女人的权利或黑人的权利有什么关系呢？如果我的杯子只能盛下一品托，而你的杯子能盛下一夸脱，[①] 你如果不给我的装满是不是显得有些吝啬？

于是那个身着黑衣的年轻男子说女人不能和男人拥有同等的权利，因为基督不是女人。那么请问你的基督从何而来？你的基督从何而来？他是上帝和一个女人的结晶！男人和他有什么关系！

如果上帝创造的第一个女人强壮到能独个儿把世界搞得天翻地覆，那么在座这么多的女人联合起来也应该能把世界翻个个儿，并且能再把它正过来。既然现在她们要求这样做，男人最好成全她们。难为你们听我讲话。现在，老索杰纳没什么别的话要说了。

① 1 夸脱 =2 品脱 =1.136 升。——编者注

第二部分

不做无准备的演讲

演讲者必须掌握整个事件的发展而不仅仅是关注所说的内容。你在整个事件中扮演什么样的角色？你是在给谁发表演讲？这件事情对你有何意义？演讲者的明智之举在于不要以可笑、令人厌恶的方式来说这些大事。

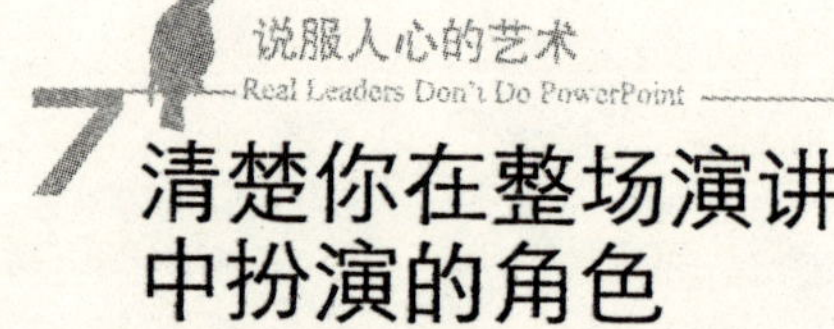

7 清楚你在整场演讲中扮演的角色

领导的责任不仅在于发表演讲，更在于确保整个事件的成功。事实上，如果事件本身就是爆炸性新闻，那么没有人会记住你的演讲是如何精彩，甚至不会有人记住你到底说了些什么。

有时我们可以说，良好的判断力是通过一些不好的经历或者许多失误的判断，以及从中不断汲取经验教训而得来的。这里是我个人亲身经历的一个可怕的故事：我曾经在一次医师晚餐聚会的最后几分钟发表演讲。在此之前我已经有过符合晚会策划者要求的谈话，然而，我并没有准备必要的提问时间，也没有时间为这种特别的聚会做准备。这是一种很错误的做法。

因此，当时我没有了解到的情况是（当然等我知道的时候已经太迟了），医生们已经参加了一整天冗长乏味的会议，并经历了开放酒吧的“社交时间”。喝了一个小时的酒水后，听众们坐下准备吃晚宴。每张桌子都打开了数瓶白酒和葡萄酒。在我前面安排了三位演讲人员，每人都给出了长长的、专业性极强的演讲。葡萄酒瓶子一次次地空了又满上。当轮到我发表我的45分钟演讲时，已经是晚上9点45了，演讲的题目是：将高科技展现给普通大众。可以想象，如果最后几分钟我没有决定彻底压缩演讲的话情况将会怎样。

当然，我的观点是，**演讲者必须掌握整个事件的发展而不仅仅是关注所说的内容。**掌握整个事件的进展分两步走：首先，演讲者应该尽可能地了解事件发展的情况以便修改信息，从而适应事件的发展；其次，演讲者应该主导整个事件的发展过程，从而使其与自己所提供的信息相符合。

就了解事件而言，我建议你用与研究主题一样多的时间来分析整个事件。尽量弄清楚演讲所在的房间、主办方、听众、组织方式、灯光等，以及水瓶里是否有冰块这类小事。

询问并确保你能得到相关问题的答案：

- **有哪些人参与？**哪个团体主办的这次活动？谁资助此次活动？谁是会议的策划者？有多少人参加此次会议？参加者的年龄、受教育的水平以及职业如何？男性和女性的比例是多少？与会人员的共同点是什么？对于与会人员来说重要的是什么？他们共同的价值观是什么？他们最大的不同点又是什么？他们对你准备的主题了解多少，感觉如何？
- **此次活动的性质是什么？**此次活动的本质是什么——是一次大会研讨会、一次项目启动会议、一次庆典，还是一次秘密通气会议？活动性质的不同决定了你演讲的内容和方式也将不同。

活动的举行时间是在什么时候？此次活动在什么时间举行，将持续多长时间？你的演讲在此次活动中排在什么位置？其他演讲是怎么安排的？还有哪些人发表演讲？在你演讲的前后各有哪些安排？

活动在什么地点举行？集合地点的名称是什么？活动所在地是如何建立起来的？讲台在什么位置、安排情况如何？灯光聚焦在什么位置？椅子是如何排列的？

我认识的一位演讲人员就经历了一件不幸的事情。当他匆匆忙忙地走进一个很差劲的会议地点——阿纳海姆市会议中心（the Anaheim Convention Center）时，这个能够同时容纳20 000名与会者的地方正在进行重新装修。在这个有5架飞机库大小的大厅里，有数位不同的演讲人员在同时发表演讲，中间只用薄薄的窗帘隔开。每位演讲者都试图比别人说得更大声一些，结果是没有人能清醒地思考，大家只能任凭耳朵听到什么算什么。

为什么要有这次活动？本次活动为什么要在这个时间、这个地点举行？他们预期取得什么样的成果？他们主要是想学到一些什么还是只是想度过一段愉快的时光？他们是想提升自己还是想联系同行，是想获得快乐还是想有所启发？

每一位演讲人员都必须了解自己将发表演讲的那次活动的人物、事件、时间、地点以及原因。但是，领导应该做得更周到一些。他们不应该仅仅是了解本次活动，他们还要——应该要掌控整个活动。

作为一位领导，你拥有更高的威信，因此更有能力掌控活动的进展。你没必要在意此次活动安排你做什么。

以政治家为例，由于经常以领导的身份参加很多演讲，他们培养起了扭转乾坤的能力。

乔治 .W. 布什政府被普遍认为，他们驾驭场面艺术的能力已经达到了新的高度。《纽约时报》评论 2003 年布什乘坐空战教练机着陆于美国海军“林肯号”航空母舰上的情景说：“这将被认为是美国历史上最大胆的总统戏剧之一”。

布什，你应该还记得，“林肯号”航空母舰登陆，你从 S—3B 型“海盗”反潜侦察机上下来，身上全副武装着飞行服。你在一大堆记者的摄像机前与机上人员握手、拥抱。后来，你在一个非常大的“任务完成”横幅前宣布：“伊拉克的主要战斗已经结束。”（这一宣布后来被证明至少提早了 7 年，而且这个宣布也并没有降低这场战争在当时带来的巨大影响。）

布什总统团队使用类似“林肯号”事件的魔力，几乎遍布布什总统的每一场重大演讲当中。在“9·11”事件周年纪念演讲上，布什团队用激光灯照射自由女神像。在印第安那波利斯筹办推行经济计划的演讲时，他们让围绕在布什周围的人们取下领带，以显示正如布什总统所说的——更多的普通老百姓将从他的减税政策中受益。在南达科他州发表演讲时，布什团队将镜头摆在合适的位置，从而令布什总统的镜像和拉什莫尔山上的布什塑像相一致。

当然，你在掌控事件发展的过程中不可能拥有和总统一样的资源，或令事件按照自己想法准确发生的权威。但是，你拥有比你想象的更大的能力去掌控事件的发生及发展。

爱说

关注细节

掌控事件发展的能力取决于你对整个活动管理的参与程度，请注意以下几个事项：

麦克风。如果不是准备站在讲台后面演讲，那么要有一个无线的麦克风。如果你是一位穿着夹克外套的男士，请将麦克风的电池盒别在你的腰带上，这样听众就看不见它了，然后将语音线穿过衬衣，将麦克风别在你的领带上。如果你是一位女性，请确保你的外套能够放置电池盒和麦克风。演讲之前，请测试麦克风是否正常，当然，这些工作最好在听众坐好之前完成。

舞台。将讲台放置在舞台的右前侧，而不是舞台的左侧，使舞台的中间保持一定的空间，从而可以自由出入。如果你打算整场演讲都在讲台上进行，那么请将它置于舞台的中间或者右前方。不论你站哪儿，都要确保灯光能照得到。以一个导演的眼光来看舞台的布局，尽你所能来安排舞台的布局，从而使它有利于烘托你所传达的信息以及你所想要达到的目的。

座位。至少要保证每一位坐在位置上的听众都能看到你。有时演讲厅里的座位是固定的，那你只能通过其他手段对由此带来的不便加以弥补了。但是，只要可能，就要尽量将座位排成扇形而不是传统的直列式，从而让听众们彼此见得多一些，而不只是看到别人的后脑勺。

时间。即使你无法改变活动的时间安排，也要确保在你发表演讲之前此类事件已然发生——听众已经在座位上呆了20多分钟——在听演讲介绍或是其他演讲了。

如果本次活动是你不愿意参加的，或者此次活动不可能达到你预期的目标，又或者活动的宗旨与你被告知的相违背、不一致，甚至完全没有关系，那么记住，你永远有说“不”的权利。

碰到不适宜的活动，请退出，当然要尽量表现得优雅一些。你是领导，一定还有很多机会，还有很多更好的活动等着你参加。

有些时候根据经验可以发表演讲，有些时候，根据经验请不要说。

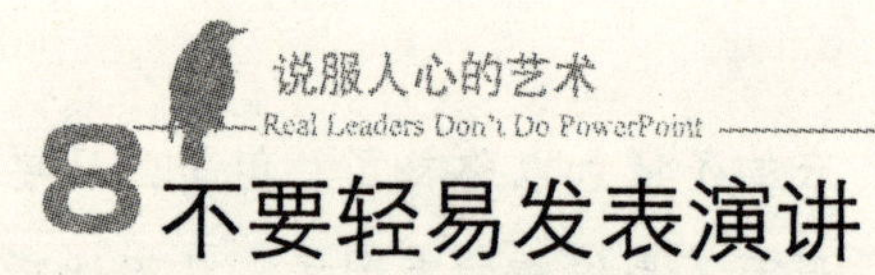

8 不要轻易发表演讲

领导们就像小说家们一样，充其量只有一点大事要说。明智之举在于不要以可笑、令人厌恶的方式来说这些大事。

作为领导，你是所在组织的发言人，这种组织可以是大型的跨国公司，也可以是只有一个人的小作坊。必要的时候，你可以说得很多。比如，为了赢得公众的注意力和友善或者形成他们的一种感性认识、为了集合部队、为了吸引顾客或客户、为了保证资金来源畅通愉快。但是，说得过多就要冒唠叨的风险。听众可能会对你的演讲失去兴趣和尊重，也就是说，你是在贬低你的演讲。

1860 年，亚伯拉罕·林肯为了获得共和党的总统候选人提名而不知疲倦地进行许多竞选活动。他每天都在说，而且每次都长篇大论，还经常与对手斯蒂芬·道格拉斯（Stephen Douglas）辩论，每次都要花上 2~3 个小时。

但是，一获得提名，林肯就停止演讲了，甚至在他获得总统职位后。从选举成功到就职演讲之间的5个月他都没有发表正式的演讲，尽管在从伊利诺伊州到美国首都华盛顿的火车上的每一站他都会发表一些即兴讲话。

结果怎样呢？他的就职演讲获得了每一个人的关注。全美从南至北的报纸都在发表和推荐有关他的评论。

类似的，卡尔文·柯立芝也很珍惜他的演讲，以至于获得了“沉默的卡尔文”的外号，同时也因此赢得了很好的声誉，他的演讲被认为是总是值得一听。“总统的话分量很重，”他在自传中写道，“因此，不能随便说。”

这句话同样适用于其他领导。一个领导如果上演讲台频率太高（或者时间太长），就会令听众感到厌烦，从而失去已经建立起来的名声和地位，降低影响力，在做其他事情的时候也可能会遇到麻烦。

爱说

应该避免演讲的几种情况

除了需要避免不停地重复演讲以外，还有一些需要谢绝演讲邀请的原因。

你不是合适的人。也许你或是你所讲的东西与本次活动的目的不相符合；也许如果派你的财务总监、人力资源经理，或者办公室主任接受这一演讲任务会比你亲历为之更为合适，听众也会听得更明白一些。如果其他人和你一样能够代表你的团队，并能够阐明你所在组织的目标，那么，请让他们去参加演讲吧！

不合适的听众。 听众对你所在组织的任务或活动是否感兴趣？这种兴趣对你们的成功是否有影响？如果没有，那你对他们发表演讲也不会有什么好处。同样，听众也不会从你的演讲中有所收获。作为一位领导，演讲应该只针对与之有关的人员进行——他们可能会对你的演讲进行诸如讨论、出版发行、批评指责、执行其中指示、仔细研究等活动或者留下可怕的回忆。

不合适的活动。 如果本次活动的目的或精神与你的演讲内容相违背，或者此次活动组织不利、缺乏分量，那么请避免参加。你也不希望在最后几分钟对着一群匆匆拼凑起来的人群发表演讲，或为了某个错误的理由发表演讲吧？那样会使你的伟大构想贬值。

要避免在一群事先没有明确了解情况就匆匆拼凑起来的人们面前发表演讲。他们不会对你的演讲内容感兴趣，而且那样只会带来坏消息（除非你直接负责本次活动的策划）。例如，一个人受雇在一家高新技术企业的年度务虚会上，就公司团队协作的有关方面发表演讲。演讲前的一个小时，她在与会议主办方确认时才发现，有一半的参加人员刚刚得知自己被公司裁员了。主办者请求她在演讲中增添一些鼓励性的内容。我的天哪！

不合适的地点。 应该对你将要演讲的地点——坐落的具体位置、里面的布局以及周围的环境——与你演讲时所穿的衣服一样重视。你不能要求穿着伊莉莎白一世时代服装的号兵列队在演讲大厅的入口处欢迎你的到来，但是你可以——也应该——拒绝在过于拥挤、闷热异常的地方发表演讲，比如由廉价大厅改成的舞厅，这种地方可能会有从厨房传来的吵闹声，或者附近有非常庸俗的活动，足以让训练有素的士兵不能自持。

不合适的时间。如果可能的话，尽量避免在下午最容易犯困的时间发表演讲——通常是下午1点半到2点半。同时也尽量不要在晚上太迟的时间发表演讲——疲惫的听众可能已经陶醉于对一大块肉或者某个大排档的遐想了。不要在一次悲剧、一次组织大暴乱或者一些其他不稳定的事件发生后，过于仓促地发表演讲，除非你在那次事件发生时正在发表演讲。

即使你就是那个合适的人选，其他的几个方面也都符合条件，你也仍然应该尽量选择不说。例如，一位新上任的总裁开始履行她的职责，参加西海岸公司每季一次的例行会议，她感觉自己每次都是被迫在会议上发表演讲。起先，员工们感到很荣幸，都怀着赞赏的心情倾听她关于公司和公司未来的一些看法。然而，几年后，同一个地点已经有过4次这样的演讲了，甚至连她本人都对自己所说的内容失去了兴趣。

因此，在接下来的三次季会中，她只是坐在观众席里，倾听其他人演讲。最后，当她起身发表一年的最后一次演讲时，员工们又一次对她的演讲产生了强烈的兴趣。

人们总是会将量多的、容易得到的东西在心里悄悄地打折扣。因此，谨慎地说出你的想法，讲的次数尽量地少，这样才比较容易产生大的影响。

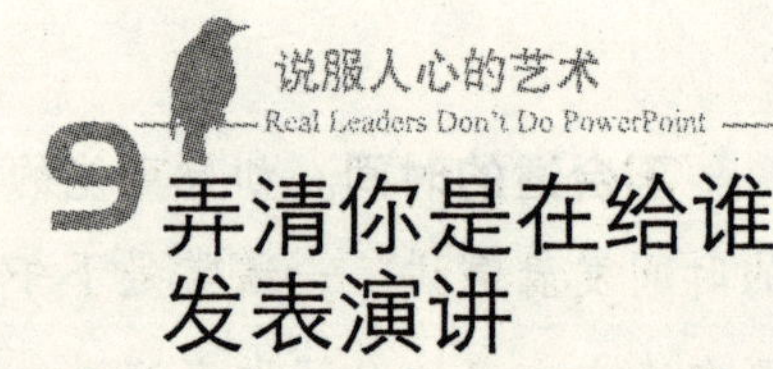

9 弄清你是在给谁发表演讲

一位很有激情的演讲人员抱怨说，她的演讲经常得到不同的反响：一些听众很高兴，想听更多的演讲；而另一些则很被动地坐在那儿，没有丝毫欣赏之情。“为什么会有这种强烈的反差？”她问我，“不论面对何种听众，我都觉得自己很棒，每次我都展示了最好的一面。”

为了帮她寻找问题的答案，我观察了她的一次演讲。演讲的标题是“婚姻的乐趣”，她讲了非常精彩的故事，并根据她作为婚姻顾问的个人经验以及她本人27年的婚姻生活，提供了一些处理家庭生活问题的小技巧和建议。她是正确的，她确实很棒，甚至可以说是非常出色的。演讲的时候她没有参照笔记，时间控制得非常到位，演讲也很可爱、温暖人心，还运用了自贬的欧玛·庞培（Erma Bombeck）[①] 方式——就像一个很机智的幽默。然而，她演

① 美国著名作家，其散文《音乐的胜境》（*Music*）被誉为“世间最感人的散文之一”。——编者注

讲的时间越长，听众就表现得越冷淡。

我不能理解这是为什么，直至看到门口发的小册子。会议的题目是“新的开始”，由NACSDC发起，我从更小的印刷体上看到这个缩写的意思是北美天主教分离和离婚救助会（North American Conference of Separated and Divorced Catholics）。因此，部分听众成员想要惩戒她就不足为奇了。

我了解的结果是，这位演讲人员几乎从来不和听众交流她准备演讲的内容。听起来有些不可思议，她告诉我说，“我认为我演讲的主题是通用的。”

天哪，太过自信了！她和听众不在同一页书上，甚至，他们不再同一个图书馆里。精美的成语、完美的故事或者非常娴熟的演讲技巧可能会蒙蔽你的思维，从而令你盲目地为错误的受众发表错误的演讲。**你必须了解自己是在给谁演讲。**

你是否记得电影《虎豹小霸王》（又称《神枪手与智多星》）（*Butch Cassidy and the Sundance Kid*）里的场景？布奇（Buch）和太阳舞小子（Sundance）荒谬地感觉到自己被一队人马不停地追逐。这两个逃犯翻山越岭，穿过沙漠，淌过溪流，也不知道过了多少时间，跑了多少英里——不论怎么做，不论从哪条路走，他们仍然看到追逐者跑过的灰尘顽固地跟着他们。最后，太阳舞小子非常沮丧，回过头来问布奇：“到底谁在追我们呀？”演讲人员在发表演讲之前也应该问问自己：“谁是我的听众呀？”

不要完全无视听众的需要和期望。例如，不要像某位财务策划者一样，激情四射地在基瓦尼斯俱乐部（Kiwanis Club）发表关于如何攒下一笔钱以备退休后使用的讲座。这个俱乐部的成员大多七八十岁了，根本不需要听这类演讲。不要效仿滑稽演员——没有讽刺的意思——他们将快乐和轻浮的举动带到每一场表演中去。

有些演讲人员时常会忽略一些小事，例如如何优先选取相关词。这种知识结构上的盲点会导致听众对演讲者的可靠性或演讲者对自己的关心程度表示怀疑。毕竟，听众会想，“如果你连基本的东西都不知道，更何况其他东西呢？”或者，“如果你甚至都不愿意了解我们，那么你的心到底有多真诚呢？”

例如，一位客户维护专家不停地向听众提及“客户”，因此遭到来自储蓄和贷款人员听众的反对。后来他才明白，原来储蓄和贷款只有“会员”而没有“客户”。只是一个小小的失误吗？也许吧！但这让听众隐约觉得，这位所谓的“专家”给他们提出的建议是不可靠的。

一次会议、一次演讲，它不仅仅包括你知道些什么或者你如何来表达它，还包括听众听到、理解到、感觉到了些什么，他们需要些什么，以及最终从你的演讲中学习到些什么。要抽出一大块演讲准备时间来分析你的听众，毕竟你也不可能对听众是些什么人做太深的研究。

当然，有时，对听众了解得太多可能会令你——或者应该令你——感到迷惑，甚至你会疑惑为什么要和他们说话。

这里是一些在演讲之前询问有关听众的最常见的问题：

1. 他们究竟是谁？听众的数量有多少？他们的职业、所从事的业务或者工作是什么？他们处于什么样的职位？他们的教育背景和经济基础怎样？听众的年龄范围以及男女比例是多少？他们的共同点是什么？

2. 他们的学识如何？他们已经对你即将演讲的主题了解了多少？你应该向他们解释到什么程度？他们是否了解你的专业术语或缩写词语，或者，你根本就应该避免提到上述这类词语？（通常，明智的做法是尽量避免使用这类词句，或者在你初次使用它们的时候做一些简单的解释。）你了解他们的专业术语或缩写词语吗？

3. 他们对你的演讲主题感觉如何？他们是完全站在你的那一边还是对你的立场抱有敌意？对完全反对你立场的人说话并不容易或者并不总是令人愉快，然而，有时又是必须的。无论如何，这有助于你提前了解你所要面对的东西。

我将听众划分成以下 5 种类型：（1）拥护者；（2）支持者；（3）中立者；（4）说“不”的人；（5）敌对者。总的来说，你至少可以通过努力使人们态度比原来转变 1~2 级。同尽力将听诊器卖给三个不同的外科医生一样，你也可以通过努力将处于敌对状态的听众转变成你观点的拥护者。这可以做到，但是仅仅通过一场演讲很难达到这种效果。然而，你完全可以令那些积极参加运动反对你计划的敌对者转变为中立者，而不再是反对者。

4. 他们最关心或者最害怕的是什么？如果你的调查揭示了听众们担心或害怕的事情。那么，根据调查结果，你可以在对他们发表演讲时避免提及此类事件，也可以想想办法通过其他途径来表达你的观点，从而避免冒犯听众。

5. 他们的学习方式是怎样的？他们更愿意接受别人不停地说吗？他们希望你给一个正式的演讲最后保留一些问答时间还是希望会议是非正式的，大家围坐在桌子边上，你边说他们能边提问？他们需要提纲或许多其他的附属资料吗？他们将自己视为你所说内容的被动接受者还是可以塑造演讲方向和形式的积极参与人员呢?

6. 有哪些东西你是不能说的? 听众们通常有痛处，或者是最近的一些痛苦记忆，或者是每个人都知道但不能说的秘密。这些很难被发现，因为没有人愿意去提起它，当你问到的时候他们也可能不会告诉你事情的始末。但是，如果你足够敏感，你也许可以察觉出这些被禁止提及的事实，那么，你就可以聪明地避开它们，从而使你和听众都免于心痛。即使你是那种很乐于揭别人伤疤的人，至少也要提前让别人知道你准备做些什么。

爱说

和外国听众说话

如果你是在发表国际演讲，那么你就不得不在分析听众的同时，考虑问题更上一个台阶，因为这当中存在文化差异以及一些不能触及的敏感问题。

例如，在中国你就不要提及台湾问题或者使用数字4，因为4被认为是死和不幸运。而日本人听演讲时喜欢闭着眼睛、轻微地摇动着脑袋，那样表示他们在集中注意力听讲。不过，当他们疲惫或者厌烦的时候也是这么做的。在澳大利亚和爱尔兰，这些英语国家的人喜欢幽默的演讲，而德国人和法国人通常认为这是一种轻薄的举动。来自美国南部和中部的美国人希望美国演讲者叫他们“北美人”而不是“美国人”等等。

因此，如果你计划出国演讲，那么，你需要多做一些准备工作:

寻找额外的背景资料。与会议的主办方取得联系，说明你想避免冒犯听众的愿望，并寻求帮助以理解当地的风俗习惯。同时查阅相关书籍和网站，以针对拟访问的目的地国家，获取一些特殊的建议。

避免使用行话、俚语和方言。尽管你可能经常惊讶于其他国家的人能够如此精通美国发生的事情——至少关于我们的政治、名人和娱乐，最好也还是不要以为他们都了解你所要说的那些行话、俚语和方言。

简化你的演讲。尽量减少你要说的材料的数量。在听众厌烦之前停止演讲，这样做才永远是最好的。

说得慢一些，清楚一些。即使是熟悉你所说语言的外国听众，如果你能说得更慢、更清楚一些，他们也会对你的这种礼貌行为表示感谢的。

与翻译人员合作。如果你的演讲准备请翻译人员翻译，那么尽可能提前将准备好的资料复印本提供给翻译人员，再与他或她当面检查一下有哪些字句或概念是较难理解的。

尽可能努力地了解听众是领导的特征之一。正如男演员吉米·史都华（Jimmy Stewart）所说：“永远不要将听众看成是客户，而应该把他们看成是你的搭档。”

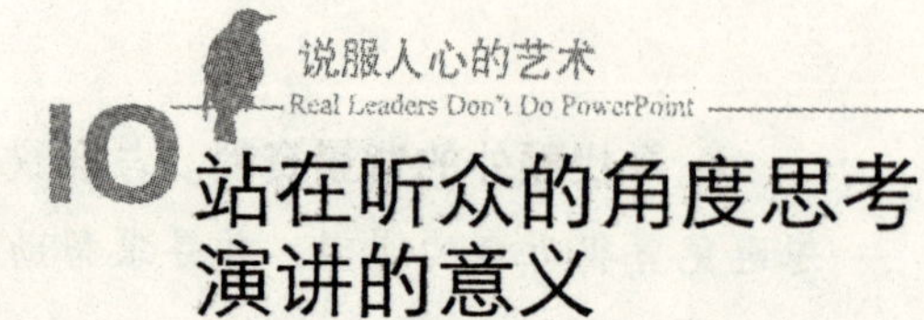

10 站在听众的角度思考演讲的意义

WIIFM？（What's in it for me？的缩写）"这件事情对我有何意义"是我们经常会在内心深处问自己的一个问题，也是领导们要理解如何才能使听众按照他们的意愿行事时需要借鉴的一个问题。

只是简单地告诉听众他们应该如何想、如何感觉或者如何做——命令他们的所思、所感或所为是不会再起作用的。任何一位领导如果毅然决然要这么做，而且要员工机械地说"就这么做"，那他绝不会在工作时间里试图改变这种做法，更别提做出一些更大的改变了。

因此，当你发表演讲时，听众们总会问自己"这件事情对我有何意义"。他们在内心悄悄地评价你所说的话会对他们造成什么样的影响——是积极的还是消极的。如果分辨不出来，他们就会放弃听讲（如果你是一位大领导，有很高的威信，或者他们觉得你很客气，不好意思不给面子，那他们或许会装出好像在听的样子，而实际上并不在听）。

“这件事情对我有何意义”并不是一个以自我为中心、任性或者自恋的问题（或许连圣人也会这么问自己）。因为每一个个体都会自然而然地问自己：这场演讲会对我产生什么样的影响呢？我能从中获得什么有益的东西呢？我为什么要关心这场演讲呢？它会对我的价值观或者我所关心的问题有怎样的影响呢？

然而奇怪的是，一些领导并不能理解“这件事情对我有何意义”的说法。这让我想起一位医疗器械公司的老板，他的销售部门做得很好，业绩远远超过了去年。于是他想鼓舞团队的士气，以便让他们继续保持这种努力工作、超时工作的良好状态，从而使销售部甚至能够超过今年的销售目标。

这位老板将普通员工召集起来开一个动员大会。他让员工站在窗前俯瞰停车场，然后指着一辆午夜蓝保时捷 911 说：“看到那辆车了没？因为去年我们干得很出色，所以我得到一笔丰厚的红利，可以购买如此豪华美丽的小汽车。现在，我太太也希望拥有一辆相同的车，因此我相信你们今年会继续努力的。”

相信你能想象员工听了老板的这些话会有什么样的反应。

每一场演讲都需要有目标。这位领导的出发点是好的：鼓励员工达到或者超过新的目标。但他的方式方法却是愚蠢的：你们更加努力，工作时间更长，因此我可以为太太购买一辆新款豪华轿车。

相反，如果他从员工的角度出发问“这件事情对我有何意义”，那么他可能会这么说：

> 我们超过了去年的销售目标，祝贺你们！（表扬他

> 们的努力工作和所获得的成功，让他们为取得这样的成绩感到高兴。）我希望你们好好享受应得的红利，我也很享受它，我用它交了我一直梦寐以求的轿车的首付款。我知道你们中的一些人也已经用这笔钱实现了自己的梦想。现在，我希望你们能够继续努力工作，加倍努力工作，这样明年也许我们就能再有一次这样的庆祝，并且我们每个人也会因此又享受一笔丰厚的奖金，实现我们的下一个理想。

当然，这只适用于每一位员工都从他们的辛勤工作中获得了相应回报的情况。如果这位老板是唯一获得红利的人，那么他最好啥也别说，那样才是明智之举。事实上，如果情况确实如此，那么他在炫耀自己那辆闪亮的新德国赛车的时候，应该尽量远离那个窗口，以免让过度工作而没有获得相应回报的员工们看到。

作为一位领导，拥有你自己想实现的目标是合情合理的，告诉员工你希望他们拥有的所思所想所为也是合情合理的。但很重要的一点是，**你要明白员工也有自己的目标，而这种目标可能和你的并不一致**。因此，你要理解为什么他们会同意你想要的所思所想所为。

换而言之，你必须发现听众的动机所在——他们想你之所想的原因。不论是为别人还是为我自己准备演讲，我都会发现这个问题：为什么听众要想我之所想呢？回答这个问题是最难、最费时间的。但是，要是回答不了这个问题，我就不会草率发表演讲的。

你是想让听众为你的慈善事业捐赠吗？你是在为你们的候选

人在选区游说吗？你是想让别人批准你的项目吗？你是想让听众使用你提供的服务、支持你的创业或资助你的小公司吗？很好，现在你最应该做的就是弄明白他们为什么要这么做。

了解听众的想法，换言之，回答他们“这件事情对我有何意义？”这个问题的最有效途径是**展示你的观点或表明你的演讲对他们有何帮助。**

- **解决他们的一个问题。**展示你的观点或提议可以免除一些他们不想要的东西、修理一些坏掉的设备、使他们脱离不好的处境、节约他们的时间或金钱，或者令困难或复杂的事情变得容易一些。
- **实现他们的一个目标。**告诉他们从演讲中他们可以获得他们想要的东西（比如金钱、时间或者认同感），或者完成一个对他们来说很重要的任务（可能改善他们的健康状况、学习到一项技能或者获得一次晋升机会）。
- **满足他们的一个要求。**阐明如何做出行动将会与他们的价值观、愿望、梦想相一致，或者有所提高（也许是显示他们道德高尚、慷慨大方或者具有社会意识）。

事实上，不论你的演讲是建立在解决问题、完成目标的基础上，还是建立在满足需要的基础上，这都是你的号召力所在。听众们与这些观点的方方面面完全一致。

爱说

一个关于 SAR 的故事

有一种方法可以帮你向听众展示他们将从你的计划中获得什么样的好处，这种方法就是被称之为 SAR 的方法。SAR 代表情形（situation）、行动（action）、结果（results）。SAR 是一个销售组织经常使用的方法，但是它同样适用于解决问题、完成目标类型的演讲。

情形。讲述一位真实的人物，他所处的境况与听众中一些人的处境相似。你的描述应该显示这位人物被一个问题、一个没有实现的目标或者一个未被满足的需求所困惑。描述要尽可能有针对性，并且要详细一些。你的目标是，讲完后一些听众对他们自己说："耶，我也被同样的情况困住了，我不喜欢这种感觉。"

行动。显示这位人物采用了你的观点、思维方式、建议、产品，或者服务，并且这样做了以后他们解决了问题、完成了目标或者满足了某种需要。

结果。显示这个人意识到采取这种行动的结果是积极、有用的。

当然，听众是由不同的个体组成的，没有一种动机可以适用于他们每一个人，因此，你要将"听众们为什么要想你之所想"的各种原因都略微谈到一些。

所有的努力都要基于两个基本的设想上，从而使演讲和听众的目标相吻和：首先，你将听众最大的兴趣铭记在心；其次，你非常了解听众并且知道什么东西能够激励他们前进。作为一位领导你做到这两点了吗？

计程车司机之死

2007年艾力克斯金柏尼（Alex Gibney）导演的《计程车司机之死》（*Taxi to the Dark Side*）获得奥斯卡金像奖最佳纪录片，该片揭露了美国在阿富汗、伊拉克、古巴等地的虐囚事件。该片以2002年无辜的阿富汗出租车司机迪拉瓦尔汗（Dilawar Khan）的被虐死亡事件为故事核心。[①] 我以金柏尼的一次很受欢迎的演讲作为论据，说明要是有人预期演讲可能很冗长、令人厌烦、空洞，你不妨做一次简短而有力的发言的道理。在这次演讲中，金柏尼像一位有勇气的战士那样站着，丝毫不担心其他人的反应。他让自己的激情——他的愤怒和爱完全展示了出来。

哇，非常感谢奥斯卡组委会。这是给所有纪录片制作人的奖励。事实上，我的妻子希望我导演喜剧。但是，老实说，古巴关塔那摩、伊拉克阿布哈里卜事件之后，不需要任何理由，拍喜剧已经不可能了。谨此献给两位已经离开我们的人们：迪拉瓦尔汗，这位年轻的出租车司机，以及我的父亲，一位海军审讯人员，他不断地鞭

---

① 阿富汗出租车司机迪拉瓦尔汗因被指控向美军发动了火箭弹袭击而被押进巴格拉姆空军基地。5天后，迪拉瓦尔汗死了。人们发现尸体的腿如泥浆一般瘫软，即使他还活着，双腿也必须马上被切除。除此之外，尸体上伤痕累累，很明显，迪拉瓦尔汗是被美军活活折磨死的。本片揭露了美国在阿富汗犯下的重重罪行。——作者注

策我拍摄这样一部纪录片，因为他对文明法治社会下美军的所作所为感到愤怒。让我们一起祈祷，让国家回到过去，从黑暗走向光明吧！

第三部分

内容为王

一条引人注目的信息主要由三部分组成：一个主题、明晰的组织结构以及语言。一场电影演绎一个故事，一场演讲就只传达一个观点；一场演讲如果组织框架有问题，那它就会失败或者经不起反驳；一场演讲提醒我们，语言就像孩子一样，具有让衰竭的心脏跳动的力量。

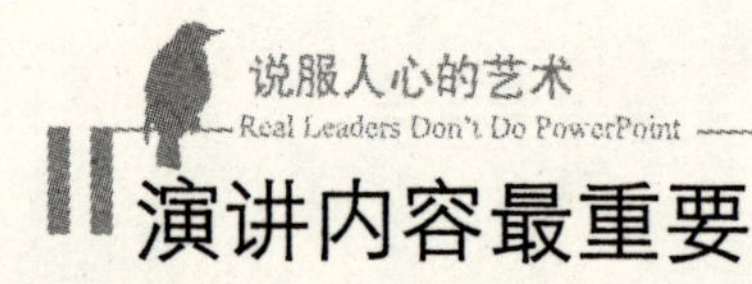

演讲内容最重要

培训专家和“演讲专家”从来不放弃宣称这样一种言论：一场演讲所表达的意思，其中只有7%来自于你所说的内容，大概有38%通过你的语音语调进行传达，另外很大一部分——55%来自于你的身体语言。这含义很简单：你所说的内容不如你演讲的方式重要，演讲技巧胜过演讲内容。

胡扯！这一荒谬的言论来自于40多年前，是根据一位心理学教授所做的研究得出的误论。这场关于人与人之间交流的研究只在一个非常小的范围内进行。当这样得出的“结论”被（错误地）运用于演讲中时，就会导致这样一种错误的观念，说话谨慎的人不好意思重复所说的内容了。

如果语音语调和身体语言能够表达93%的意思，那为什么还要那么麻烦地准备演讲稿，以清楚地表达你所坚信的，并展现听众渴望听到的东西呢？为什么不只是站在听众的面前，然后随心所欲地说出你想说的东西呢？也就是说，按照上述谬论，只要你使用正确的语音语调和合适的动作，听众就可以理解你的意思——至少，他们可以理解 93% 的内容。这已经足够好了，难道不是吗？

错！事实上，确实存在这样一些情况：有些非常好的想法因为演讲技巧实在糟糕而被忽视或者大打折扣了；而另有一些很差的观点却因为演讲者的技巧相当了得而获得了不应该有的大的反响。因此，我并不是说演讲技巧不重要。事实上，娴熟的演讲技巧是一场伟大演讲的基石。

但是，你所使用的词句以及它们能够清楚地表达意思远比你怎样去表述它们更加重要。**演讲的内容是最重要的，演讲技巧只是演讲内容有益或无益的仆人而已。**

当我的顾客需要将自己打扮得整洁漂亮的时候，我推荐他们去找一位我所熟悉的形象顾问。她习惯于与商务人士合作，因此并不追求过于耀眼的外表。“我不希望人们在看到我穿的某件衣服后说‘那条领带真棒’或者‘我喜欢那件上衣’，”她解释说，“我希望他们说‘你看起来很干练’。”

同样，相信你也不希望人们在离开演讲现场后说“你的演讲抑扬顿挫”或者“你的手势动作确实很出色”，相反，你肯定希望人们获得演讲中主要的东西。你希望他们以你的方式看问题、以你的方式感觉事物、以你希望的方式行动。你希望人们关注、记住你的演讲内容，并被它们所改变。

一条引人注目的信息主要由三部分组成：一个主题、明晰的组织结构以及词句。

主题。每一场演讲都应该表达一个，而且是唯一的一个主题。但它应该是一个大的主题——主要表现在范围大、视野宽或者内涵丰富。主题应该值得讨论，并且能够引起听众足够的关注。

结构。演讲的组织框架——如何组织，如何将各个部分拼接起来——就像建筑蓝图一样。它是你将有关信息一段段连接起来的框架。结构应当尽量简单，因为当今的听众并不擅长倾听，他们是老练的视觉观察者和熟练的多重任务执行者。如果你的组织框架有问题，那么演讲就会失败，或者经不起反驳。

词句。你所选择的语言可能会让你的信息表达得很清晰，也可能会让你的信息表达得很混乱，使你的演讲增值或贬值。有力的演讲是简洁的。你的演讲应该运用美国英文教授史屈克（Strunk）和原著作家怀特（White）在《英文写作的风格与要素》（*The Elements of Style*）中的建议："删除不必要的词句，这就好比画画应该摒弃不必要的线条，而一台机器应该放弃累赘的部分一样。这并不意味着你必须全部用短句，或者避开所有的细节，但是你必须让每一句话都有分量。"演讲中应多用名词和主动句。如果需要在两者之间做出选择：一种是更长、听起来更令人印象深刻的句子，另一种是更短、更实在的句子，那么请选择后者。

爱说

口头表达

理解口语和书面语之间的区别有利于准备更好的演讲。

口语更注重听起来的效果。例如，你绝不会在演讲台上说“避开（eschew）”，它听起来很乏味，但是，你可以在书面材料中用它。一些单词的组合，例如“流利的法语（fluent French）”或者“亮蓝色（bright blue）”很难发音，特别是紧张和口干的时候，也应该避免使用。所以说在演讲之前大声练习总是明智的，这样做可以发现、修正发音，免去它们在一大群人面前可能给你带来的麻烦。

口语是用来会话的。写作的时候你可以选择比较正式的用法。但是，在发表演讲的时候，人们期望你是像在与他们会话一样讲话。

口语必须是能够被马上或几乎马上理解的。写作时使用的单词，如果一时不理解，人们可以想一会儿，努力联系上下文去理解，也可以通过字典等工具来查询，然后继续阅读。如果在演讲的时候听众不能理解你说的词语，那么他们会停止听讲以便理解它。这样他们停止了听，而你还在不停地说，当理解完——如果他们可以做到的话——再回到你的演讲中时，他们会发现自己已经错过了好些内容。

这里是5种可以方便使用的修辞手法，它们可以令演讲更有力、

更令人难以忘怀，而且不用担心自己会听起来像个老派的演讲家。

三个原则：将三要素——词、短语或者句子联系起来，采用排比的修辞手法可以有令人印象深刻的效果。“今天我站在你们面前，作为一个悲恸家庭的代表，在一个举国哀悼的国家，面对一个受着震惊的世界。”（厄尔·斯潘塞伯爵在他姐姐戴安娜王妃的葬礼上的讲话）

重复：如果你希望所用的词句都具有最大的影响力，那就重复它。你可以重复整个句子，一场演讲就只重复一个句子——只要这句话是你的中心思想，而且朗朗上口。“我有一个梦想”（马丁·路德·金）。你也可以在更长的一段话里重复一个单词或短语。“今天我们的共和党——它不是一个保守党派：它提倡全球化，它提倡建立一个强大的政府，它提倡第二修正案，它提倡尊重生命。”（帕特里克·布坎南，Patrick Buchanan）①

对比：澄清一个观点或者使它令人印象深刻的最佳方法是将它与其他东西形成鲜明的对比。首先表述它不是什么，接着说它是什么。“‘9·11’事件不是一个孤立的事件，它是一系列悲惨事件的序幕。”（托尼·布莱尔）“这里我们不是要相互看穿，而是要相互帮助。”（安妮·拉莫特，Anne Lamott）②

---

① 美国社会-文化保守派主要代表人物，曾两次参加总统竞选。——编者注
② 美国著名作家。——编者注

- **比喻：**不论你说的东西是像其他的一些东西（明喻），还是像其他的一些东西（隐喻），你都是在做有力的对比。"这'听起来'像一个马戏团一样。这是一个国家的耻辱。从我个人的观点来看，作为一名美国黑人，这是一种针对在任何情形下总是想着自己的傲慢黑人的高科技私刑。"（克拉伦斯·托马斯，Clarence Thomas）①

- **修辞性问题：**问一个本身隐藏着答案的问题，你就可以促使听众和你得出相同的结论。"是否有人看到政府部门的工作记录，会说'干得好'？是否有人在卡特政府在今天我们所处的地方就职时，会比较我们的经济状况说'继续好好干'？是否有人看到今天我们在世界上的地位逐渐下降，会说'让我们更多地拥有这样的4年'？"（罗纳德·里根）

演讲中之所以存在词句和内容的问题是因为一场好的演讲就像一篇好的文章。"一场演讲就是一首诗：韵律，节奏，比喻，延伸，"佩姬·努南（Peggy Noonan）②在纪念里根的演讲稿中写道，"一场演讲提醒我们，词句就像孩子一样，具有让衰竭的心脏跳动的力量。"

① 黑人领袖人物，司法界重量级黑人，美国最高法院9名大法官之一。——编者注
②《华尔街日报》记者。——编者注

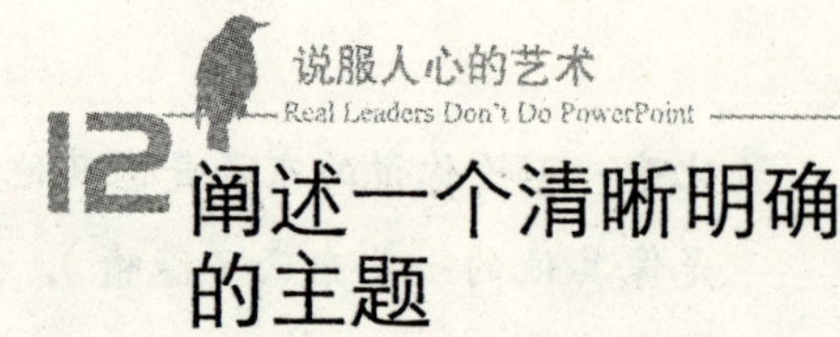

12 阐述一个清晰明确的主题

如果你是一位好莱坞作家，运气很好，有机会在制作商面前展示你的作品，那么你可能从他那儿得到15秒介绍剧本概况的时间。这不仅仅是因为好莱坞制作商很忙，在很多的小剧本面前自我感觉比较大牌，也因为他们明白一部好的作品必定是有一个简单而很有影响力的故事。当然，如果你的作品用一两句话就能说完，那它也不是一个好的剧本——不能被拍成一部好的电影。

这同样适用于演讲。一场电影演绎一个故事，一场演讲就只传达一个观点。但是它必须是一个好的观点——一项政治主张、一个指导、一个见解、一项命令，其中一些能够清楚地表达某种意义，另外一些具有理性和感性的双重意义。这些都是所谓的主要观点。

最近的一些主题明确的演讲例子有：

- 戈尔“难以忽视的真相”（*An Inconvenient Truth*）：“全球

气候变暖不仅仅是一项政治问题，还是当今世界所面临的最大的道德挑战。”

凯希·克隆宁泽（Kathy Cloninger）——美国女童军（Girl Scouts）总裁：“针对女童军的绝大多数研究和近一个世纪的经验表明：在一个全是女孩的环境里，女孩们感觉可以更加自由地去尝试、去失败、去成功以及去表达自己并实现梦想。”

比尔·盖茨在哈佛大学的毕业典礼上发表演讲：“人性最大的进步之处不在于它是如何被发现的，而在于如何运用这些发现去减少不公平的现象。”

兰迪·鲍什（Randy Pausch）是一名计算机科学教授，他在“最后的演讲”中说：“难以逾越的障碍存在的原因是，它让我们证明了，我们把事情想得有多么坏。”

一场演讲描述的主题可以通过 3~5 点来加以阐述。（3 点比 5 点好，并且奇数就是比偶数看起来更有效。）例如，你们将要演讲的主要观点是“我们再不能一切照旧了”，这是你想要传达给听众的信息。但是，你可以通过以下三点来对其加以阐述：（1）为什么像往常一样做生意已经行不通了；（2）你希望生意做出何种改变；（3）当它改变以后看起来会是什么样子。

或者你们的观点是“我们刚刚完成的项目象征着我们公司的最高水平”。然后，你可以从以下三点来对其加以阐述：（1）项目的范围；（2）项目如此成功的原因；（3）为什么该项目代表了公司的最高水平。

将信息压缩成一个主要观点来传递需要经过一定的训练。艾森豪威尔早期的军事生涯是为道格拉斯·麦克阿瑟将军撰写演讲稿。他对其他的演讲稿撰写人员说："如果你不能将最基本的几点内容写在一个火柴盒里，那么你就做不好本职工作。"（我建议客户将演讲的主要观点写在商务卡后面。）

爱说

让演讲令人难忘

熟练的演讲家通常使用普通的修辞手法将他们的主要观点传达给听众。通常有以下几个步骤：（1）开始；（2）停顿；（3）妙语（妙语是你一句话的亮点）。这种技巧相当于斜体或下划线，每场演讲只能用一次。

例如：

"因此我们美国人[停顿]不要问你的国家能为你做些什么，而要问一下你能为你的国家做些什么。"（约翰·肯尼迪）

"让我再一次声明我坚定的信念[停顿]我们唯一害怕的就是恐惧本身。"（富兰克林·罗斯福）

"如果没有其他事情，那么相信一件事[停顿]我做我认为对国家有益的事情。"（托尼·布莱尔）

以下是一些你应该尝试的步骤：

"我想告诉你们一件事，它是[停顿]……"

"如果你从我的演讲中只获得一点，请记住[停顿]……"

"我想要说的和我需要你了解的是 [停顿]……"

当然，有一个清楚表达观点的最简单方法：将观点写在商务卡上。如果这个观点是无知的、过于浅薄的，或者是缺乏内涵的，人们就能通过这种方式了解这个观点的价值在哪儿，并且知道这个观点没有价值之处。

一场差劲的演讲通常存在的问题可能是：大话后面只是些无足轻重的观点；仅仅是罗列信息取代观点；一次表达太多的观点。

话大而观点轻。许多演讲人员错误地使用大话，比如专业术语、时髦词语和公司特有用语来表达一个主题。一位经理曾经将准备演讲的初稿给我，让我帮忙整理一下。我替换掉没有太多意思的词和短语，这样做，他就能以简单而优雅的英文来清楚地完成他的演讲了。"然而，如果我这么说的话，"他抱怨说，"句子太少了。"

要是你听到一位演讲人员说些像"最后时刻，继续向前工作，我们将不得不重新组织操作的优先顺序，以便优化我们关键任务的安排，同时为我们的赌金保管人员提供附加价值"之类的话，不要被它迷惑了，以我的经验，演讲者所用的句子越长，他们所表达的观点越少。

用信息代替观点。习惯于做科学工作汇报的人通常会将尽可能多的信息收集在一起，然后就乱糟糟、不加分辨地一起输入幻灯片里，也不将这些信息加以组织，以使其成为一个浑然天成、有意义的整体。为什么会这样呢？ PPT 可以使你任意调出一张空白的幻灯片，填满它，然后是下一张。你可以创建任意多的幻灯片，只要你喜欢，而不必考虑尝试将所有信息组织成一个有机的整体或是一条引人注目的观点。

作为一名演讲者，你首先要对相关信息进行过滤，挑选出有意义的信息，将剩下的信息扔掉。然后，将挑选出来的信息以某种方式组合，使之能够表达一个有意义的主题，即写下组织原则，或者想法——你们的主题。然后，将所收集的信息按照一定的方式组织起来以支持你的主题——仅使用必要的信息来证明或描述你们的主要观点。

问问你自己，使用幻灯片是否有利于你清楚地阐述你的观点。

观点太多。缺乏经验的演讲人员总是喜欢一次表达很多条观点，因为他们害怕表现得很愚蠢或者担心演讲时间空出太多，每次他们都要阐述很多的内容。他们没有意识到，表达太多的观点和根本没有观点一样——是非常糟糕的。

演讲中表达太多观点的情况有以下三种：

- **打鼹鼠[①]型演讲**（The Whac-a-Mole speech）。演讲人员看似很随机地提出一种观点，然后在提出其他观点之前宣扬这个观点，接着又说更多其他的观点。当这种类型的演讲结束时，听众感觉自己被屈打成招了。
- **天女散花型演讲**（The rice-at-a-wedding speech）。演讲人员出于善意同时向听众抛出许多观点，他们不理解一些习

① 打鼹鼠是一种电子游戏，这种游戏需要一台齐腰高的、面板上有很多洞洞的游戏机。当一只鼹鼠从一个洞里冒出来的时候，游戏者用木棒打它。一只鼹鼠被打下去，其他的就会冒出来。——作者注

惯用语的意思，只是盲目地提出一些自认为值得坚持的东西。然而，这种类型的演讲很难起效，如果没有开始太久，听众还可能糊里糊涂地觉得还行。

射击型演讲（The shotgun speech）。演讲者向听众提出尽可能多地不同观点，希望其中一些能够符合听众的口味。这让听众感到很迷惑，他们会放弃听讲。

很明显，阐述你的观点需要相当的勇气。然而，这是成为一位真正的领导所必须具备的——说出你的意思，而不让别人产生误解或者需要事后再想想才能理解。丘吉尔曾这样说："若是有重要的观点要说，不要偷工减料，应该像使用打桩机（桩架）一样——打这个点一次，然后回来再打一次，再然后是第三次——非常多次地敲打，这样就能达到令人印象深刻的目的。"

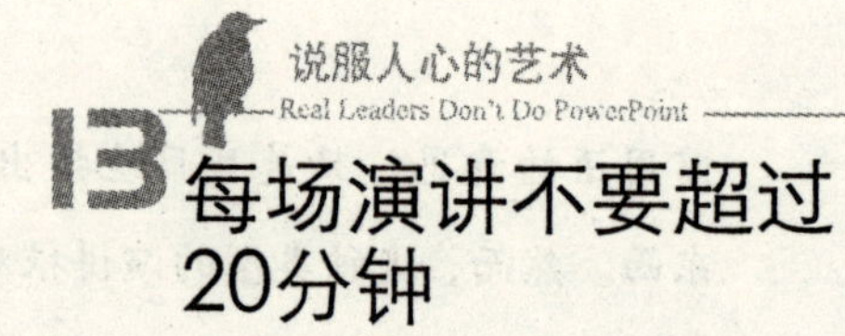

13 每场演讲不要超过20分钟

没有哪个晚期病人会说“我希望在办公室里花更多的时间”，同样也不会有哪位领导说“伙计，我希望演讲时间更长一些，说得更多一些”。如果面对的是整个会议的最后一场演讲，你还会希望演讲者说得更久一些吗？

事实上，**精短是一场优秀演讲的标记**。历史上最引人注目的演讲也都是比较短的。例如：

- 帕特里克·亨利在弗吉尼亚州下议院前的“不自由，毋宁死”（*Give me liberty or give me death*）演讲持续了 6 分钟；
- 林肯的盖茨堡演讲持续了两分钟；
- 富兰克林·罗斯福在珍珠港事件之后向全国发表的演讲用时 7 分钟；
- 马丁·路德·金著名的演讲“我有一个梦想”用时 16 分钟；

- 里根对“挑战号”惨剧做出的回应(“……抚摸上帝的脸”)用了 4 分半钟;
- 撒切尔夫人针对里根的感人颂词(“我们失去了一位伟大的总统、一位伟大的美国人和一位伟大的人。我也失去了一位亲爱的朋友……)用了 7 分钟。

“如果你不能将内容在 20 分钟内说完,”英国首批飞行员之一布拉巴宗勋爵(Lord Brabazon)说,“你应该离开演讲现场,回去写一本相关内容的书。”西奥多·索伦森(Theodore Sorensen)是约翰·肯尼迪总统庆祝类演讲的撰稿人,他认为,简洁是一场演讲的第一要素(多变、仁爱和清楚是他认为的另外一些演讲要素)。为什么短的演讲比较好呢?

一方面,一场短的演讲更可有能获得关注。林肯曾经说过一句很有名的话,大意是:若是有一场两个小时的演讲,他几乎能马上就开始。但是,对于一场只有两分钟的演讲,他则需要几天或几个星期来做准备。

演讲时间之所以不要超过 20 分钟,**还有一个理由是:一场简短的演讲更不容易导致听众厌烦。**如果你知道要说的内容,并且已经计划好怎样去表达了,那么,你更有可能让听众在头脑中有一个清楚的概念,并使他们没有多余的时间做白日梦或是查看手机短信。

同样,在这个 PDAS[①]泛滥的年代,在即时信息以及其他电子

① Personal Digital Assistant, 字面意思是“个人数字助理”。这种手持设备一般都不配备信息盘,可以通过无线方式实现计算机、通信、网络、存储、娱乐、电子商务等多功能的融合,是当今网络时代的移动时尚宠儿。——译者注

产品的干扰下，听众已经不再像以前那么有耐心关注某件事情了。而且，你肯定希望听众在听完演讲之后，还对你的演讲抱有期待，而不是再也不想听了。

爱说

保持演讲短而简单

改善演讲效果的最有效途径之一是使它变得更简单一些——简单通常意味着更简短一些。简化演讲可以让你的演讲更加容易驾驭，也更容易让听众理解和记忆。但有些矛盾的是，材料越是复杂，你就越需要对其进行简化，而且在材料复杂的情况下简化显得尤为重要。

以下是简化信息的 5 种途径：

1. 限定演讲内容的多少。没有经验的演讲者总是希望什么都说，好以此表明他们知道得很多，从而让听众印象深刻，而领导们为了保证他们的权威性，只关注最突出的问题。他们限定演讲的范围以适应可利用的时间和听众的学习方式。

2. 去掉一些不必要的内容。关注你想说的以及听众想知道的方面。这就意味着要放弃一些寒暄（“今天我很高兴和你们在这儿见面”）、一些次要的问题（“这不是真正与主题相关的内容，但是……”），以及每个人都已经知道的内容（“哇，你们来自于全国各地……”）。

3. 整合相关内容。准备的时候，一旦列出了你认为听众需要了解的相关知识，就要将相似的内容整合在一起。例如，不要说“关于失眠症你需要知道的21件事是……”，而要围绕失眠症的原因及其影响、治疗或治愈方法来进行演讲。

4. 将决定权交给听众。列出最重要的问题，简单地一一做出解释，然后将问题交给听众，让听众决定他们想更多地了解哪一方面内容。

5. 重复。任何值得一提的观点都值得重复。听众们通常会出现分心、过度劳累等状况。因此，演讲时要列出主要观点，然后不断地重复它们。每次的说法没必要一模一样，人们不会对此介意，因为他们可能根本就没注意到。

将演讲削减至20分钟甚至更短，确保做到以下几点：

从主要的部分开始。省去不必要的礼节。不要感谢主持人，不要向到场的高官致谢，不要道歉或浪费时间解释你时间有限，也不要解释你对这个主题的看法，除非这是你演讲内容的一部分。直接开始吧！

只演绎一个主题。你的主题要尖锐而简明扼要。要使你的观点很强大，你就不能将其隐藏在一堆废话当中。你应当剔除所有次要的词、短语和句子。盖茨堡演讲有272个词语。爱德华·埃弗里特（Edward Everett）[①] 超过了林肯，他的演讲包含了13 607个词语。这两场不同长度的演讲，你记住了哪一场呢？

修改，修改，再修改。去除无关的内容，对过于累赘的表述进行精简。这就是为什么说“然后”能满足的时候，我们不用

---

① 美国政治家，曾任马萨诸塞州州长、哈佛大学校长和美国国务卿。——编者注

“就在那个时候”的原因所在。将能够收集到的所有证据都用来支持和证明你的主题，只表达听众需要了解的内容，以便他们能够同意你的观点（手头上保留其他的相关证据，以便有机会的时候在问答环节使用）。“资讯到底消费了什么是显而易见的——它消费了接受者的关注度，”诺贝尔经济学奖获得者赫伯特·西蒙（Herbert Simon）说，“因此，过量的资讯轰炸会使关注度下降。”

在规定时间里结束演讲。使会议保持一定水平，让听众意犹未尽。正如艾伦·德杰尼勒斯（Ellen DeGeneres）在主持奥斯卡颁奖晚会时所说的，“并不是说我们没有时间容纳更长的演讲，而是我们没有时间容忍令人厌烦的演讲”。

一旦说了“结论是”、“最后”或者其他任何导致听众认为你准备结束演讲的词句，你就至多还有 1 分钟就该结束演讲了。因此，在结尾部分千万不要再介绍新的材料。这样做只会让听众觉得就好像他们在最后一站旅途的飞机上，规规矩矩地将个人财产收拾好，系好安全带，将行李箱放在正上方的塞得满满的架子上——只是为了让飞行人员告诉他们，飞机马上就要降落，现在在机场上空盘旋一会儿。

领导们懂得维护自己的信仰，说完就坐下。他们走进会场，真实表述自己的观点，然后离开会场。

14 选择适当的时机开始演讲

发表演讲就像做特技跳伞，最让人提心吊胆的是开始部分，演讲人员和听众都有这种感受。

任何一场演讲的最初几分钟都是与焦虑情绪作斗争的几分钟。听众们的内心也在进行着激烈的思想斗争——希望你能好好利用他们的时间，又害怕你与他们所听过的大部分演讲者都毫不相干。他们问自己："我来这儿听这家伙演讲是否是一个错误呢？我是不是还不如做更多的工作，或者只是待在家里看美国偶像剧呢？"

你的自我介绍部分可以短至15秒或者长达5分钟，这取决于整场演讲的长度。在这段时间里，你应该完成三个目标：（1）获得听众的关注；（2）介绍你自己；（3）介绍演讲内容的概况。

第一步，在做其他事情之前你应该首先抢占听众的注意力。如果一开始你就切入正题，那么他们可能还在入场找位置，使自己舒服一些，确认房间、周围的人以及其他能够吸引他们注意力的事情。如果你稍后再说，那么听众可能会很不安——他们正被演讲之前的事情所烦扰，或者需要上一下卫生间。他们很忙、很疲惫。他们是多面手，以有限的能力用任何多的时间来关注任何一件事情或者任何一个人。即使他们安静地坐着，看起来很专心，他们也很可能是正沉浸在自己的想象里，想象着自己扎进一堆拿着糖的幼儿园老师中间，疯狂地奔跑、尖叫。因此，演讲者应该眼观六路、耳听八方，以有效地方式说话。

第二步，你应该介绍自己。以小册子形式散发的、正式的自我介绍能够让别人在你开始演讲之前对你个人以及你的有关经历、资质有所了解。现在是让听众与你面对面的时候了。他们做的第一件事情就是仔细地观察你。他们将根据你的衣服、你穿着打扮的方式以及你的动作表情等来对你做出判断。他们在第一眼看见你的时候就做出这些判断，不管你是坐在讲台上，还是坐在前排或者是站着，只要能看见你，听众就会观察你，并做出判断。然后，他们会听你的语音、语调、音量、语速，以及你的口音。最后，他们会听你的演讲内容。通过所有这些行为过程，他们都在问自己是否喜欢你、信任你、尊重你。大部分听众在最初的 30 秒内就能在心里回答这些问题。如果回答是否定的，那么你确实有些麻烦了。

介绍部分的第三件事是需要给出演讲内容的概要。介绍你的主题，例如，当 U2 乐队的主唱、人权的公开支持者博诺，在美国全国有色人种协进会（NAACP，National Association for the Advancement of Colored People）上发表演讲时，他的主题是“我们需要宣扬世界民权的组织来教这个世界有关人权的问题”。这样能让人们了解他们所期待的——你将要说的内容以及你将如何进行表述。正如有句名言所说：告诉人们你打算告诉他们的。

以下是不能做的几个事项：

- **不要以笑话开始。**除非你是一个天才喜剧演员，否则不要轻易以玩笑开始你的演讲，那有可能带来灾难性的后果。另一方面，制造一些幽默、稍微自嘲一点儿的评论则是个不错的开端。例如，有意问鼎总统职位的参议员约翰·麦凯恩（John McCain）在2008年经常对听众说“我年龄比泥土还大，伤疤比法兰肯斯坦（Frankenstein）还多”。他用这种方式轻轻带过有关他的一些问题：年龄（71岁）以及皮肤癌手术在他脸上留下的伤疤。
- **不要在客套上浪费时间。**不要告诉听众有这个演讲的机会你有多么地开心；不要描述听众的团队有多么庞大；不要向听众里的达官显贵致谢。因为这么做是在傻傻地挥霍开场白的力量。在演讲的稍后部分再谈及听众和达官显贵会比较合适一些，那样不会显得你是在刻意地巴结他们。
- **不要道歉。**不要说你很抱歉没有足够的时间准备演讲，或者说你是一位不够好的演讲人员、你有些紧张等。不要将你自己和你的不足之处置于听众面前，那样是在侮辱听众和你自己。相反，你应该集中注意力在听众和演讲上。

爱说

最初的15秒

选好位置。如果你是在讲台后面演讲，请自信地走向它，将笔记放在上面，调整好麦克风。若不打算用讲台，那么找好位置，站好。

停顿。给听众一些时间来打量你。呼吸慢而深（关注呼吸是最古老、最有效的一种自我调整的方法）——怎样能够集中注意力你就怎样做。

目光接触。持续几秒钟注视某个人的眼睛；接着，看听众中其他位置的某个人；然后，看第三个人的眼睛；最后，开始演讲。确保说话的时候看着某个人的眼睛。

和情人分手的方式可能有50种，然而开始一场演讲则至少有7种方式。尝试以下任意一种：

讲一个亲身经历的故事。由于故事能够开启人的想象力和情感，因此很容易引人入胜，而且大部分人都喜欢听故事。但是要注意避免讲一些从网上或商务书里读来的“说教故事”——有明显道德说教的那种。相反，说个人亲历的一些幽默的或非常偶然的故事——它们能够阐明你要说的问题或者可以解决你提出来的问题——则要更好一些。一位以社区为基础的健康计划公司的总裁，就将她在城市贫民区的童年生活讲给听众。这些故事反映了她是如何一步一个脚印走到今天这个位置的，她以此鼓励听众充分利用机会。

- **问一个富有挑战性的问题。**不要问那种本身含有明显答案的问题，比如，“谁想多挣些钱”。问题应该能让听众停下来思考，并且以“什么”或者“如何”为主体的问题要比那种只用一个字就能回答的问题好一些。例如：“你们每周花多少时间开会？其中有多少开会的时间是值得花的？”

- **阐述一个令人吃惊的事实。**告诉听众一些能够诱导或者激发他们兴趣的事情。为了使这个事实效果更惊人，应该列出 2~3 个一系列的事实。例如：“最近的一项调查表明，有 1 000 名企业领导估计他们平均每天有 70% 的时间用于开会，同时，他们也指出，其中有 1/3 的会议完全是在浪费时间。”

- **做出勇敢的断言。**以直接的方式表达你对某件事情的看法（你总可以在后面的演讲中给出相关的解释和背景资料）。没有时间来不温不火或者羞怯了（比如这么说，“有时我想我们倾向于……”），你应该这么说，例如：“会议取代工作，是一种时间、精力、金钱的极大浪费，应该予以禁止。”

- **引用例证。**引用某个人的话就像在分享观点（但也可能因为其他人说过，你因此而显得无礼），能够增加演讲的可信度。例如：经济学家高伯瑞（Galbraith）曾经说过，“当你不想有所作为的时候，开会是不可或缺的。”

- **参考时事。**提一些最近刚发生的事件以增加演讲的时效性，很奇怪的或者幽默的事件效果更佳。例如："昨天我听新闻说一位总裁拒绝再次参加会议了，因为……"
- **混合搭配各种方法。**综合使用几种开场白。例如："你每周花在会议上的时间有多少，其中又有多少时间是值得花的？最近一项针对1 000位企业领导的调查显示，他们平均每天大约有70%的时间花在了开会上。同时他们表示，其中有1/3的会议完全是在浪费时间。也许这就是为什么经济学家高伯瑞会说'当你不想取得任何成果的时候，开会是不可或缺的'的原因吧！这正是我的论点：开会是工作的替代品，是时间、精力和金钱的极大浪费，它应该被禁止。"

无论听众是因为什么原因来到这儿的，他们都有一个共同的心愿，那就是：你好好利用他们的时间。

因此即使你只是根据一个简单的提纲来演讲，我也建议你将介绍部分写下来。任意选择其中一种以上提及的开场白，从精心准备的第二好的材料开始（将最好的留到最后说），记住开始演讲的第1~2句话——因为没有时间来考虑它（当然，演讲的剩下部分应该是对话式的，而不是靠死记硬背）。

如果你能遵循以上建议，那么你将赢得听众的关注、尊重和善意，而且你会觉得更加自信。最终你将充分利用听众的时间和你自己的时间。

15 演讲的模块组合

泥水匠使用砖头搭建房屋，木匠使用木材打造家具，大部分的作家使用段落作为他们组织文章的基本单位，而演讲者需要不一样的材料——就是所谓的“模块”。

一场演讲的一个有机的单位——一个模块应该包括两个或多个下列因素：宣言、证据、例证以及听众的参与。

1. **宣言是一种主张**。简单的陈述句概括了你认为一个主题真实和重要的部分（它们也被称为主要观点和亚观点、便当真理、教训和理论陈述）。你的主题就是一个宣言。

演讲或陈述的主要宣言应该可以断言你的听众可以解决一个问题、取得一个目标，或者实现一个对他们来说很重要的梦想。例如：

- 你能以百万身家退休；
- 你能和难相处的人和睦相处；

- 你能将相互敌对的个人组织成一个高效的团队；
- 你能在所有竞赛中获得成功；
- 你能成为一位人们敬仰的领导；
- 你能成功地将项目在预算范围内按时完成。

例如，尼古拉斯·尼葛洛庞帝（Nicholas Negroponte）[①]，“每个孩子一台笔记本电脑”（One Laptop Per Child，OLPC）[②]的创始人，他说：“这是一个教育项目，而不是一个笔记本销售方案。”这正是他的宣言。

又如凯茜·勒梅（Kathy LeMay），Raising Change 的创始人和总裁，她说：“我们的工作是为每一个人在这个世界上创造一个舞台，从而看到他们各自具有的不同的能力。”

亚观点也是一种炫耀。也许你的听众不想要，或者仍然不知道自己想要你正在“推销”的东西；也许他们不知道怎样去实现你的观点，或者不清楚这些概念。然后，你的亚观点可以回答“为什么”、“怎么样”或者“什么”这些问题。

例如，个人理财专家苏丝·欧曼（Suze Orman）在谈及她的书时，她的主要宣言可能像“财政自由有 9 个步骤”，9 个步骤中的每一步皆为亚宣言。比如，她可以宣称（书中的第二步）“你不得不面对恐惧以及创造新的真理”。

---

① 美国电脑专家，麻省理工学院教授。——编者注

② 由麻省理工学院多媒体实验室发起并组织的一个非营利组织，该组织的目标是让世界上每一位孩子都有一台价廉的笔记本电脑。它借由生产近 100 美元的笔记本电脑给对这项计划有兴趣的开发中国家，并由该国政府直接提供给儿童使用，降低知识鸿沟，又称“百元电脑”。——编者注

2. **证据是你引用来解释、支持或者证明你的宣言的**。对于听众来说，它必须是理性的、清楚的、与你的宣言相关的、可靠的。

证据的种类包括统计资料、调查结果、定义、实证、图标和新闻报道，以及引自经认证的权威部门的相关言论和报告等。

可靠性是关键，但是认定证据是否可靠的是听众而不是你。我曾经和一个团体合作，但是未能成功获得县监察委员会的关于紧急医疗保障计划的批准。这项计划将允许该团体开始注射器的以旧换新项目（该项目旨在减少血液传染病——比如艾滋病和肝炎的传播）。

该团体的策略是联合受人尊重的药品研究人员和社会学家来共同反驳公众的一些错误观念。例如，县政府官员担心分发注射器可能会增加药品的用量，他们还以加拿大的研究作为例证。反驳该团体提出此研究的首席研究人员解释说，他的研究是被误译了，事实上注射器分发项目确实能减少药品的用量。尽管该团体列举了许多专家的言论，县委员会监察人员仍然不能被说服。

我指出，这些被选举的官员——骄傲的保守派们——并不关心研究人员的想法。他们真正关心的是选民的想法，他们想倾听来自工商企业部门、家长教师会（PTAs）、教堂等的想法。以上这些是县政府官员心目中可靠的“专家”。可见，决定谁或者什么是可靠的不是你该忙的事，而是听众的事。

3. **例证从行动上表现你的宣言**。它们实际上并没有证明什么，但是它们有想象力和情感帮助，从而具有说服人的力量。对于大多数听众来说，例证远比证据更有说服力，相比之下他们更易受其影响。领导们应该使用大量的例证——要比证据用得频繁。

例证的类型包括故事、轶事趣闻、引证、道具、示范、笑话、肖像、照片、音乐、歌曲、卡通、魔术、活动挂图、字幕片以及精辟而少量的幻灯片。

爱说

签名故事

迄今为止，例证最有力的形式是故事，而最有力的故事形式是专业演讲人员所谓的“签名故事”。对于故事述说人来讲它是独特的：它是你的故事，而不是别人的。

讲述一个完整的签名故事需要花2~7分钟时间，它应该包括开头、中间和结尾；至少有一个人物经历了一些变化；并且有一个令人满意的、多层次的有关主题的运用。

在一个好的签名故事里，你是主要人物，但并不是说你是英雄人物。由于某事的发生或者由于故事里其他人物的所说所做，你发生了显著的变化：你改变了你的态度、前途或者基本信仰。你获得了生活的经验教训。

这是你希望分享的新的视角，倘若这是一个展现你变得更加谦逊而智慧的、稍带一些自我嘲解的故事，则其效果更佳。

米歇尔是一位专业的演讲家，他有一个不同寻常的签名故事：两个可怕的意外事件的后果——一个在摩托车上，另一个在飞机上——他的脸被烧成了油炸马铃薯片，他失去了手指，并且腰部以下全瘫痪了。然而，在一个箴言（和一本书）——题目是“不是你发生了什么事情，而是你做了什么”的影响下，米歇尔关注于他能做的，而不是关注他不能做的，再加上他的演讲和书，他成为了一名收音机-电视的时事评论家、一位政治家、一位环保主义者、一位成功的企业家。最重要的是，他战胜不利因素的成功事迹鼓舞了许多人。

---

4. **听众的参与当然是一种听众直接参与的方式。**这种方式尊重听众的学识、经验以及见识，它使听众成为你的搭档，与你共同完成演讲。

听众参与的类型包括问与答、讨论、小组活动、解决问题、听众民意调查、跳舞、唱歌、游戏、魔术、运动和即席创作。

应该特别注意邀请听众参与的方式。激发一个小组的同时有可能会疏远另一个小组。想象一下，邀请一位注册会计师听众共舞一场。

演讲的要素，我们习惯上称之为简介、主要观点（3~5 条）、结论三大模块。先创造一系列的模块，然后将模块连接起来，这种方法使组织一场演讲变得容易了一些。

例如，简介部分——模块 1——可以由 3 个或 4 个要素组成：

可能 1. **例证**以一个故事开始，阐明演讲的主题。例如："最近去了一趟中国，街头小贩反复向我推销 5 美元的'真正的'劳力士手表。"**证据**引用一项调查结果以支持主题。例如："一份世贸组织的最新调查文件表明，当前这种侵权行为呈现上升的趋势。"**宣言**以主题结束模块。例如："美国和欧洲生产商必须联合国内外政府以禁止仿制品的销售。"

可能 2. **证据**引用一个调查的结果以支持主要观点或者演讲，

例如 WTO 的报告。**例证**讲一个故事以阐明主要观点，例如你对于中国街头小贩的直接观察。**宣言**以制造商反击的需要这一主题作为演讲的总结模块。

可能 3. **宣言**以大胆的宣告开始，这也是你演讲的主题：违法销售名牌商品有破坏百年老派制造商的危险。**例证**讲述一个故事以阐明主要观点：你在中国所观察到的。**证据**引用一项调查结果以支持演讲的主要观点：WTO 的调查结论。

我通过不同颜色的索引卡片来阐述这种组建演讲的方法：我将绿色的卡片标记为声明，红色的卡片为证据，蓝色的卡片为例证，白色的卡片为听众参与；每张卡片的背面写上例子；然后我只是简单地混合卡片，这样你就可以以任何顺序创建模块了。

使用模块创建演讲有几个好处：

- **演讲更容易为听众所领会**。每一个模块都是相对完整的，所有的模块又是一个整体。倘若人们从这条途径不能领悟你的信息，那么，从另一条途径他们就可以理解它。
- **演讲被分割成若干可接受的部分。**一个模块就像长演讲里的一场迷你演讲。它像一次 TV 秀，观众习惯于每 7~12 分钟插播一次商业广告。每一个模块是，或者应该是不长于 7~12 分钟（对于 20 分钟的演讲，开场模块应为 2~4 分钟，每一条主要观点应为 5~6 分钟，结论应为 2~3 分钟）。
- **演讲稿更容易制作。**

- **演讲内容更容易记住。**
- **演讲稿更容易再利用。**因为每个模块都是独立的，所以它们可以在其他大会上再次使用。例如，在一次专题小组会上你可以讲述以前某次演讲中使用过的故事，以声明结束。瞧，对于小组的问题你已经有了一场迷你演讲或答案了。

尝试使用模块，那样你将可以证明整体比各部分的总和更棒！

16 故事的影响力

故事是一位演讲者和领导最大的资源。如果故事说得合适，一种很好的联系将会在说故事的人与听众以及听众与听众之间建立。故事能够帮助听众进入他们的想象空间，使他们从理智进入产生行动源泉的情感之中。讲一个好故事会使你赢得听众的关注，激发他们想听的意愿。

在内战最黑暗的一段时间里，一个银行家代表团拜访了林肯。代表团让他警惕国家的危险财政状况，不要再掩耳盗铃。

“这提醒我想起了一个故事，”林肯说——就像他经常做的那样，然后他告诉银行家们和长老会会长一个故事，“一天晚上，我被一阵敲门声惊醒，听见会长叫嚷的声音，‘亚伯拉罕，起来，审判日到了！’我从床上起来，冲到窗户边，只见那儿正下着流星雨呢！但是我远远望着这些流星远处的天空，它们仍然是我十分熟悉的、宏大的古老星座。因此，先生们，世界末日并没有到来，我们的国家也一样。”

林肯说这个故事的目的，不仅仅是像他以前在相似场合下的行为一样：给听众以希望，同时也是在娱乐听众、减轻听众的敌意。有人批评他讲了太多的故事，他说：**“故事比其他任何一种形式都更能影响和教育人们。”**

总统总是很擅长说故事的（里根总统也是一个故事大家）。但是企业领导们往往因为害怕“太俗气”或“不正经”而羞于讲故事。技术——高科技、生物技术或者生命科学技术——领域的从业者则认为说故事仅仅是“销售代表做的事”。因此，他们的演讲从头到尾都听来很枯燥乏味。如今，越来越多的领导已经意识到了说故事的价值。

诺玛·迪亚兹（Norma Diaz）是社区卫生服务集团（Community Health Group，CHG）新任命的总裁。她想通过与小组谈话，让集团和集团的使命升级，向需要的人群提供卫生保健。然而，她对自己的演讲感到失望，因为尽管她的演讲条理清楚、内容紧凑，听起来却有点儿枯燥无味，因此她向我求助。她的演讲涉及社区卫生服务集团的所有方面，包括它的历史、规模大小、服务年限等。“但好像少了什么东西。”她说。

“缺少的是一个故事。”我告诉她说。我让她想一些能够最好地证明社区卫生服务集团的内涵的偶然事件。顷刻间她思潮涌动，从她分享的所有故事中我们挑选了一个，然后把它糅合进她的演讲里面。故事是关于一位成员——一个手头上基本没有相关单位联系方式的单亲妈妈的，她打电话为她自杀的儿子请求帮助。然而，她的儿子并非社区卫生服务集团的成员。这位接电话的小伙子完全可以简单地回复，“很抱歉，由于你儿子未在我们的服务对象范围之内，因此我们也没有办法。”然而，他并没有这么做，而是打了很多电话，然后帮这位妈妈联系上了其他相关部门。后来，在谈起这件事情的时候，这位妈妈仍然很感激这位小伙所做的一切，因为由此她和她的儿子重新获得了生存的希望。

讲完这个故事，她带着很自豪的表情总结道："现在，我们是一个健康计划，我们在做提供医疗保险项目的服务，而不是希望。然而，做对事情和做正确的事情是我们的日常工作，通过做正确的事情，我们给我们的成员以希望。"

把这个故事加入到演讲中后，事情发生了很大的变化。故事充分说明了社区卫生服务集团服务于生命的理由，作为一种奖励，故事使诺玛·迪亚兹的热情和激情自然而然地流露出来。

越来越多的公司和他们的领导们热衷于在演讲中夹带一些有趣的或者有意义的小故事。例如，惠普公司总是很自豪地宣扬公司的创始故事，讲述 1939 年两位斯坦福大学的毕业生是如何在帕洛阿尔托的一个汽车修理厂里创建这个公司的。惠普公司的领导们同样对公司的创始传奇非常自豪。他们保留了最初的生产车间——加利福尼亚州历史上著名的标志建筑物——976 号，并把它称为“硅谷的诞生地”。惠普公司的网站（www.hp.com/hpinfo/abouthp）花了很长的篇幅描述这个原始车间的结构，包括车间的照片、时间跨度（从 1905 年至今）、常被问到的问题、新闻发布、影像、虚拟博物馆，以及车间保护的一些有趣的故事。

为什么故事拥有如此的魔力？**首先，作为开胃菜，故事很有**

趣。而作为一名演讲人员，你的首要任务就是抓住听众的注意力。故事也为看起来毫不相干、没什么思想内涵的事实提供了层次感和深刻的内涵。**其次，故事能够吸引我们每一个人富有童心的一面，激发我们的想象力和情感，因而能够避开我们富于心计的另一面。**

最后，讲故事是一种互动的行为。人们会放下戒心，专心地融入故事。同时，这也会因此改变你的演讲方式——你的用词、语速、语音和语调。听众和你共同创造了这个故事。

如果你能通过故事说明你的观点，而不只是简单地将观点告诉听众，那么听众会更加容易理解你的观点，也能将你的观点在脑海中保留更长的时间。而且说故事比只是简单地说一大堆话更能令听众生动地接受你的观点。此外，故事也更容易激发情感，而这正是你感动人们的关键所在。故事在演讲结束之后能更长时间地停留在人们的脑海中。如果故事说明了你的主题，那么你就赢了。

爱说

故事可能的类别

这里是领导们可以利用的 4 种故事：

寓言。创作寓言的目的是为了让人们学习一个教训或者宣扬一种道德。对于成年人来说，寓言就是一个故事（寓言通常被说得好像是“基于一个真实的故事”，但实际上它们更倾向于都市传奇而不是真实的事件)。史蒂芬·柯维(Stephen Covey)是《高效能人士的七个习惯》(*The Seven Habits of Highly Successful People*)的作者、管理专家,他曾讲过一个关于船长的寓言。远处的一只小船拒绝离开他们船的航行路线,于是这位船长就命令手下在船头打信号,告诉那只小船说,他是一只非常大的轮船的船长,其他船应该让开,结果远处的信号手回复说"这里是一个灯塔。"他用这个故事引入了他的"灯塔原则"——对于你不能突破的规则,你只有突破自己来适应它们。使用寓言的问题在于,它只能使用一次,如果你选择的寓言听众已经听说过了,那么他们就会不再专心听,更糟糕的是,他们可能会不再认为你是一位有创意的思想家。

实例。这种类型的故事来源于历史、商业、电影或者文学作品,它们描述一种观点(你已经在这本书中多次读到它们了,比如乔治·华盛顿和他的演讲的例子)。积极的方面是,它们为你的演讲添加了不受约束的标签。消极的一面是,它们是和你个人无关的,因为从本质上来说,你讲的是别人的经历。然而,一个实例确实会暴露你性格的某些方面——毕竟,它是你选择的结果——可以说其他任何一个人也能很轻松地讲述相同的故事。

轶事。这是一个简单的偶然事件或者一个场景,可以在不到一分钟的时间内说完。它是一个口头支柱,是你正在解释的观点或者过程的象征。例如,一位客户关系顾问曾讲过一个轶事,是她最近在机场安全检查点的一次外伤经历。她讲述了自己是如何不得不在机门关上前的几秒钟时间里用穿着长筒丝袜的脚拼命地奔跑着通过看起来距离大门足有两里远的路程的。她以幽默的方式讲诉这个故事，为说明员工的体贴能够使客户免遭不良经历提供了力证。轶事能够起到说明和娱乐的作用，却不能完全激发听众的情感，因此，轶事可以随便用，但不能全篇演讲都充斥着这类故事。

个人故事。你个人亲身经历的故事，它比轶事更能体现你的个性，并且更容易将矛盾转化成为解决问题或者理解问题的行动。它很像实例，但是更有潜力，因为它能在传达信息的同时告诉人们你是一个什么样的人。健康计划总裁早期在贫民区的童年生活就是这样的一个故事。

在一个大型的演讲中，你应该至少有一个——可能的话两个个人故事、一些实例、尽可能多的轶事，慎用寓言。

你的故事是什么？你需要一个，或者更好的是，一系列这样的故事——最适合你和你个性的一些故事，它们能够体现你希望传达的信息。

如果你不习惯说故事或者脑海中不能马上显现出这类故事，那么，你可以尝试着回忆一次重大的经历、给你一个教训的转折点。也许它与让你的思维和感性方式发生永久改变的一些人的勇气、智慧或者行动相一致。也许它是一个能够象征更广泛或更深刻真理的简单的日常事件。又或者它是你从某次看起来有点苦涩的失败事件中获得深刻教训的一次经历。不管它到底是什么，它都对你造成了深远的影响，以至于多年来你希望讲述它，并且享受这种讲述的过程。

我的一位作家朋友经常讲述他参加越野滑雪比赛的事情。当时他无望胜出，比赛很快就变成一个人的战斗了，他沮丧地穿过明尼苏达州深林，要是中途有出路，他恐怕已经退出一千次了。可惜没有，因此，他继续滑行，放弃了任何想要做得更好的想法，仅仅希望能够活下去。

随着希望的破灭，他想起在比赛宣传册上看到的一个小屋。它大概在比赛路线的中点，那里可以让比赛人员脱下靴子在火炉边上烤烤冻僵的脚，喝下一大杯用肉桂棒调味的热苹果酒。他迷迷糊糊地回忆着，这些成了他新的目标。每当精神萎靡或者肌肉不听使唤，他就会想想那半路上的熊熊烈火和热苹果酒，从而坚持继续前行。

他一直都没有看到那座小屋（或许只是他想象出来的），然而当他最终用了与原定目标差不多的时间到达终点线的时候，他的疲惫感顿时变成了陶醉感。因为这已经比他最糟糕的想法好得多了。

他经常在演讲当中提到这个故事，以鼓励其他作家打起精神，继续努力：

> 我不知道，也许我昏昏然虚构了这座小屋以及小屋能够为我带来的舒适来迫使我继续跋涉。但是我知道，你们必须在深林里的雪路上继续前行——即使那是一条铺满白纸的路。

无论寒风多么冷冽，也无论四肢多么酸疼，更无论你们有多么深不见底的绝望，你们都必须坚持下去。通过你们自己的关于舒适小屋和温暖饮料的想象来摆脱悲观的情吧！

也许你们可以想象一个泡泡浴或者一杯红酒正在某个收获的日子里等着你们。午后的一个小盹或许就可能让一到两个漂亮的转折段落失去。一个小小的胜利也许就标志着你们第一篇小说初稿的完成。

建立这样一个奖赏系统来鼓励自己坚持不懈，那么，不知不觉的，你会发现自己做的要比悲观失望时所预期的多得多。也许最终你会发现自己已经非常接近最初的目标了。

明年会怎样呢？谁知道，有无限种可能。

你可以讲述别人的故事，就像里根总统那样；你可以讲述公司的故事，就像惠普的领导们那样；你也可以说你自己的故事，正像我的那位朋友那样。

无论哪一种，你必须说故事。因为没有故事的演讲是平淡、了无生趣的。有故事的演讲——选择恰当的故事，并且说得很生动——才是一位领导应该奉献的。

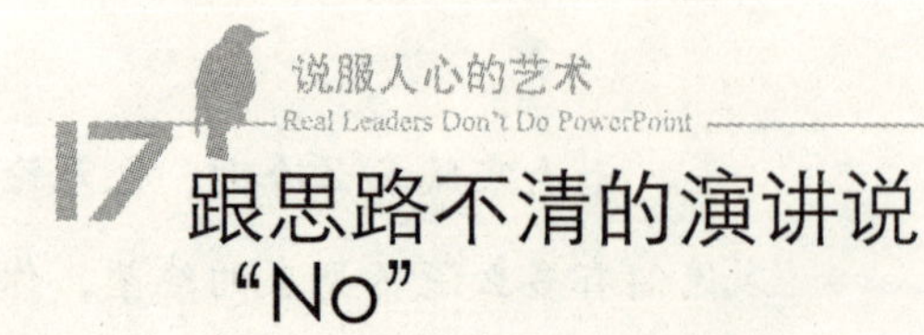

17 跟思路不清的演讲说"No"

倘若你希望得到听众的配合——你希望他们同意你的观点、初步计划、项目等——那么，你应该事先让听众明白，你想让他们做什么以及他们为什么要那样做。

清楚地表达你的观点并不意味着总能赢得听众的情感和理智。事实上，还有可能引起他们的反抗。但是，如果观点表达得不清不楚是肯定会遭到拒绝的，把听众弄糊涂了，就相当于把他们拒之门外。

因此，**演讲的第一要素是：清楚。**

真理是，任何一个傻瓜都可以把事情弄复杂，但是要把一个复杂的问题变简单则需要技巧和相当大的努力。

记得有一次我去参加麻省理工学院的企业论坛，这既是一个建立关系网络的机会——期间有一小时的点心时间，相当于社交时间——同时也是为刚刚成立的新企业提供亮相的舞台，与会者都是一些高端技术的教授以及为这些教授提供资助的赞助商们。

在听众提问之前，大会给每位新兴企业的负责人安排30分钟的时间，以方便他们介绍自己的企业及其所提供的服务、服务类型、资金情况等。但是15分钟后我就走了出去，而此时走出去的不止我一个。我随便问了一起离开的某一位："你明白那个家伙在说些什么吗？"

"一点头绪都没有，"他回答道，"我不明白他们公司是做什么的，也不知道他们公司的技术亮点在哪里。作为一位投资银行家，我不知道为什么要和这样一位连最基本的东西都解释不清的家伙一起合作。"

爱说

听众为什么感到疑惑

如果听众感到很疑惑，那么请问你自己以下这些问题：

你自己也感到糊涂了吗？你需要花些时间仔细想想你打算说的内容，并且明确你的目标、主要观点和相关证据。

你是否野心太大了？想在很短的时间里完成过多的任务通常会弄得一塌糊涂。限定每场演讲只完成一个目标、描述一个主题。

你感到担心了吗？许多演讲人员担心他们将自己的意思和所希望的东西描述得太过清楚而遭到拒绝。然而，领导们则宁愿因为坚持一个大胆的立场而被拒绝，也不愿将自己的观点藏着掖着。

你使用幻灯片吗？这个软件允许——甚至鼓励——你们创建一连串的幻灯片，而不需要你将它们以有组织、有逻辑和有说服力的方式放在一块儿，这有助于造成在同一时间里表达过多信息这样一种混乱的局势。

你在努力使演讲令人印象深刻吗？许多有科学技术背景的演讲人员都认为描述太过清楚是一件坏事，因为这样做只会表明他们不比其他任何人聪明或者没有比其他人知道得更多。因此，迷惑别人几乎成了与众不同的标志：我必须聪明，你们不能理解我说的每一句话。

“思路清晰意味着激情也很明显。”法国哲学家布莱斯·帕斯卡尔（Blaise Pascal）说。但是你怎样才能确定你的表述是清楚的，不会迷惑听众呢？这里是10种方法：

1. **设定一个目标。**每一次演讲应该只有一个目标，如果你想完成两个目标，请发表两次演讲。你希望完成的目标越清楚，你的演讲就会越清晰。

2. **从大处着手。**提前告诉听众你计划演讲的内容，让他们对你的演讲有个大概的了解，给他们展示一幅演讲的概览图。

3. **限定你要提供的信息量。**今天人们的脑部硬盘已经被塞得满满的，倘若给他们一种形式的输入过多，即使理解并赞同你的这种做法，他们也会停止聆听。因此，可以只给出组成或描述主题的相关信息，然后将剩下的内容以其他形式传达，例如，一张传单、一个网页或者一本宣传册。

4. **给观众一些建议**。太多的选择反而会妨碍做出选择。给听众 2~3 个最突出的条款，让他们去做出选择，你可以给出一些建议。

5. **保持会话式的演讲方式**。就像和朋友或同事说话一样，使用简单、平实的语言，不要用大话或行话来吸引别人的注意。

6. **讲故事**。故事能使抽象化的信息或概念简单化、具体化，从而可以直接在人们的脑海里呈现出来。

7. **明确指出你需要听众了解的内容**。绝不要让听众猜想下一步你要做什么。如果你希望他们做什么，那就告诉他们，然后告诉他们——或者更好的是，展示给他们看——为什么以及怎样去做这些事。

8. **保持一定的量**。以简短的模块来陈述你的资料。给听众一些时间思考，然后停止说话。倘若他们希望了解更多，他们会问的。

9. **不要让他们感到厌烦**。无聊的人处于关闭状态，而处于关闭状态的人更容易变得疑惑。因此，要不断地变换语音、语调和音量。口头表达主要观点，不要逐字逐句地读文档或幻灯片。

10. **用视图方式使事物简单化**。当向人们展示一些东西的时候，他们会看着它并试图了解它。但是与此同时，他们也会停止听。在同一时间里，边听边看要比只听或只看理解得更少。

爱说

回答以下三个问题

每场演讲必须回答这三个问题：什么？怎么样？为什么？答

案取决于演讲的性质和目标，你需要重点花时间和精力去回答其中的一个问题。

- **什么？**你谈论的是什么事情？你的观点、产品、服务、初步行动或者建议是什么？你希望取得什么目标，取得这个目标的风险是什么，有什么样的回报？以容易理解的方式给主题下定义。
- **怎么样？**你是如何发现、创作、发明或者推敲你所谈论的主题的？它是如何运作的？听众如何使用它？与这一课题相比，当前的情形是如何的？
- **为什么？**你为什么做这一计划或者从事这一项目？这种改变是必需的吗？改变以后事情会有怎样的改善？为什么人们应该关注你提出的建议？

来自普里默斯设计（Primus Design）的莱昂·托雷斯（Len Torres）是我合作的一位平面设计师，他处理了许多来自刁钻客户的复杂任务。因此，他习惯于尽可能简单地解释客户们的一些复杂观点。他的桌面上贴了一张海报："思路不清总是被拒"。他将这句话运用到任何一项平面设计工作中去。

请记住，这句话同样适用于任何一场演讲——思路不清总是被拒。

18 好的信息值得一说再说

你也许知道伊尔莎是英格丽·褒曼在《卡萨布兰卡》（又译《北非谍影》）里饰演的角色，她从来没有对里克咖啡馆的钢琴手说："山姆，再来一遍！"她说的是："山姆，为了过去的岁月再弹一次。"当山姆抗议的时候，她说："弹吧，山姆。弹'似水流年（*As Time Goes By*）'。"然而，你也许不知道，**伟大的演讲家之所以发表了伟大的演讲也是由于他们一遍又一遍地发表同一个内容的演讲。**

例如，在2008年总统竞选期间，奥巴马是一群有造诣的、受过良好训练的演讲人员中最吸引人目光的一颗新星。每天他都有3~4次要站在人群面前发表演讲，不需要笔记，他就能够随时非常熟练地发表一场演讲。这是跟随他的每一位人员所熟知的：每一次他都发表相同内容的演讲，一字不差。

当然，有时奥巴马会在竞选的新阶段发表新的演讲——或者，确切地说是他的演讲稿撰人写了新的稿件。但是，一旦它被修改完成，他就会一直用，只是有时为了适应时间表可能会削减一些内容，或者增加 1~2 句评论以为局部增添色彩。看起来没有人会注意到这一点，听众们只是不停地叫好、支持他。

奥巴马并不是唯一一个这么做的人。里根在 30 年前的总统竞选活动中就是这么做的。马丁·路德·金在林肯纪念堂前的“我有一个梦想”演讲就是一字不差地重复他反复在各种集会、抗议活动以及教堂服务中所做的演讲。阿尔·戈尔无论是在东京还是在托莱多都发表了内容差不多的演讲“难以忽视的真相”。

重复使用同一份演讲稿原因有三：首先，这有利于节省时间、精力，有时甚至是金钱；其次，这么做能够使你更加熟练从而发表比较好的演讲；最后，这么做能够强调你的观点。

节约时间和金钱

创作一个引人注目的演讲稿需要花费时间、金钱、精力、才能以及知识。倘若自己起草一份新的演讲稿，那么你必须做调查，这不仅涉及主题，还包括对听众和事件的调查。然后，需要选择一个最有说服力的观点，拟出一个清晰的纲要，并且在业余时间里好好地反思——包括在散步、洗澡或者开车的时候。然后，不得不提出一些故事，引用别人的东西以及思考如何才能清楚地表达你的意思，所有这些工作都是挺不容易的。

即使雇人写演讲稿，你也少不了要花时间与对方会面几次。而且，由于雇用写稿人的费用不低，你还不得不增加一些费用。演讲稿无论是自己写还是雇人写，都得亲自试讲一下，因此，一个重要的演讲稿要花费好些天时间才能成形。

也许你谈论的事件很重要，值得这么投资。但是假如能够反复利用制作精良、久经考验的演讲稿的话，这份演讲稿将变得更有意义。

我们家习惯每个暑期去钓鱼。我们常说的一个笑话是钓来的鱼每条要花费多少钱。我们将钓鱼的所有费用加起来,包括新的线、鱼钩、鱼饵以及办理钓鱼许可证的费用，然后用总费用除以钓得的鱼的数量。结果表明：第一条鱼总是最贵的，它可能花费我们30 美元,但之后的花费变化比较大。第二条鱼费用降低至 15 美元。假如我们限定两周时间里每天的钓鱼量——通常每天钓 10 条，那么每一条鱼基本上都是免费的。

你同样可以用这种方法计算每一场演讲的费用。统计总的花费，按照现行价格计算你和其他人花费的时间，之后你就会知道一场演讲到底花了多少钱。如果演讲稿只用了一次，那么这是非常昂贵的一次投资。但是，如果它被使用了 10 次或者 20 次，那就是另外一种情形了。

会使演讲越来越好

很少有人第一次演讲就做得非常好，以至于之后都没办法超越。即使演讲排练了好几次——对于绝大多数时间有限的领导来说是非常必要但又很奢侈的一件事——也不会有像在现场对着听众说的那种效果。毕竟,听众是一场演讲的共存体。听众所听到的、听众对演讲的反应以及后来对演讲的讨论，所有这些都对演讲的改进有很大的帮助。好的演讲人员会放弃一些在纸上看起来很美、但在讲台上听起来很乏味的内容。他们会修改听起来让人打哈欠的部分和没什么意义的短语，强调能收到意想不到效果的句子。

同样，即使做了训练，也很少有人第一次演讲就表现非凡。练习——无论是在镜子面前说（就像许多演讲教练所推崇的那样），还是走着说（正像我喜欢的那样），或是在一位演讲教练和一台摄像机前面练习说，所有这些都不能完全取得和在真实听众面前演讲一样的效果。演讲现场是最好的实验室。听众能给予你你自己不能产生的能量，他们能使你精力充沛。他们的反应令你想象不到，并且，如果留心的话，这些反应还会有助于你改善演讲技巧。

专业的演讲人员明白这一点。他们大多数人每次都给出同一种演讲，只是他们可能会在第二次或者第三次的时候做得更好，如此而已。如果开始新的演讲，他们会选择安全的听众来尝试。许多专业演讲人员都会参加演讲会，因而，他们可以拥有富有鉴赏力的听众以试验新材料。

也许你第一次演讲就很不错，但是每一次演讲，你都会使它变得更好，一次又一次地说，那么演讲就会变得越来越好。

信息值得再说一遍

重复地使用演讲稿，还有最后一个理由，那就是：你所说的内容值得再说一遍。

一些领导的行为就像生活中多数丈夫的行为一样，丈夫们从来不愿重复告诉妻子他爱她，因为他认为自己曾经说过，她应该已经知道。领导们会说，听众已经听过我的演讲，他们看起来在思考相关内容，那就够了，不要让我再说一遍，不能把重要的事情说得太频繁。这种想法是错误的，有以下三点理由：

- **首先，也许人们不是第一次听你演讲。**即使你在第一次演讲中状态最好——精彩的演讲内容、最好的演讲状态，听众恐怕也只是吸收了其中很小的一部分。所以因为你已经说过、听众已经听过就不愿意再说了，是错误的。就像一次实验一样，你可以尝试我过去的做法，希望谦卑的时候就可以尝试：人们赞许你的演讲，感谢他们，并询问他们听到的内容。你也许会惊讶于他们从你的演讲中得到的——当然并不总是令人愉快的。
- **第二，也许第一次演讲时听众不太理解你的意思，因为他们很疲倦。**在此之前他们已经听过所有内容了，他们会想："现在她开始说这个了，过一会儿，她的语调要变了。"倘若你想强调某事，那么，你不得不经常说，从而让人们认真对待。你可以说："我冒着重复啰嗦的风险再告诉你们一遍，因为这件事情很重要，我希望确保你们知道它并且了解我对这件事情的看法。"
- **第三，记住，听众总是在变。**新的一批人来了，老的一批人走了。你总是可以用这个借口："我知道之前我已经说过，你们中的一些人也许也已经听过，并且感到有些厌烦。但是有些人是新来的，并没有听过这场演讲，所以我要再说一遍。"这句话对于之前已经听过你演讲的人来说是很管用的。

公元前5世纪的希腊哲学家赫拉克利特（Heraclitus）说"**一个人不能两次踏进同一条河**"，因为第二次你和河流都已经发生了变化。这同样适用于一场演讲。即使你对同样的听众群发表相同的演讲，它也是不同的一场演讲：你的意思也许会有一点点不同；你说的方式可能会有轻微的区别；你可能强调了不同的信息、短语和词句。而听众也可能从演讲中得到不同的东西。事实上，听众喜欢听同一场演讲——如果这个演讲相当不错的话——就像孩子喜欢一遍又一遍地听同一个睡前故事一样。

每年我都会受邀向同一个听众群发表同一个演讲。我时常会尝试更新演讲材料，然而我注意到，在问答环节，听众总是让我重复以前说过的一些内容或者几年前讲过的一个故事。因此，我不得不一遍又一遍地追溯以前的演讲内容。

当然，有时不希望或者不应该重复全部的演讲内容。但是，其中的一部分总是可以重复利用的。例如，在公司年度报告中，你也许已经谈论了公司正在进行的新业务，然而这部分内容仅占整个汇报工作的1/3。因此，同样道理，你也没有理由不能逐字逐句地重复演讲中的某一部分的内容，并且将其发展成为一场独立的演讲。

再次使用最佳材料是明智的行为。这样做不仅有效，而且能够将主题和听众紧紧地联系在一起。正如电影导演阿尔弗莱德 · 希区柯克声明的：“自我剽窃也是一种风格。”

19 谁说即兴演讲不能提前准备

想象一下：你和其他达官显贵坐在一起，某一位是今天的特别演讲嘉宾，而你不用演讲，坐着听就行了，感觉真棒！可是演讲比预期简短，结束后，为了不冷场，主持人说："今天我们的演讲嘉宾提了一些有趣的话题，我想知道贵宾们有什么看法。"走到你面前的时候，他问："你能对这场演讲讲几句吗？"

或者你受邀参加一个专业协会会议，在这里你希望遇上一些潜在客户。但是会议开始后，协会主席邀请来宾站起来进行自我介绍："请介绍一下你是做什么的。"

又或者你代表所在部门的主任参加一个跨部门会议，主席转向你问道："你能对你们正在进行的项目以及它们的进展情况简要地说几句吗？"

这个简短的问题——"你能说几句吗"——让领导们处处感到心惊胆战。随便你怎么形容这种行为——即兴演讲、临时演讲或是即席演讲，又或是未准备的演讲——意思是一点预先思想准备都没有就被叫起来发表的演讲。领导总是不安全的，他们从来不知道什么时候会被叫起来说话或者会被要求说些什么。

然而公开演讲最基本、神圣的原则是绝不能做没有准备的演讲。因此，事实上你只有两种选择：（1）避免参加任何你可能会意外受邀（甚至是意想中的）发表演讲的聚会；（2）想出如何应付预料之外演讲的方法。

即兴演讲并不意味着你就没有办法准备，只是准备的方式有所不同而已。

马克·吐温的演讲和他的作品一样很受推崇，有观察者认为“一场好的即兴演讲需要三周时间来做准备”。但是在你变得沮丧之前，你应该意识到你已经有抢先一步的优势了。把所有你已经知道的事情以及在此之前你曾经在一些谈话、会议或者演讲中讲过的内容好好想一下。这样，也许你已经是多方面的专家了。**首先，你要了解你自己：你的经历、兴趣、价值取向以及工作职责。其次，你要了解所在的组织：它的历史、价值、任务以及所面临的挑战。最后，你还要了解时事、金融动向以及对公司的业务或者发展方向有影响的政治问题。**

了解你独一无二的兴趣。可以是苏格兰的用假蝇钓鱼（fly-fishing）运动或是内战电影的重拍，也可以是阿米什棉被（Amish quilts）[①]。你知道很多，而且你也许已经以这样或那样的方式把这些都说过一遍了，但是所有这些或者更多的材料都能作为你即兴演讲的材料。

① 阿米什是阿米绪的教会，阿米什人避免现代科技和世俗的娱乐，尊崇简单的农耕和手工艺，阿米什棉被是当中最显著的例子。——编者注

方法是将你所熟悉的材料整合到受邀谈论的话题里去，有时这样做是很容易的。倘若你是被要求谈一些有关你所在的公司是什么，或者影响你所在工厂或领域的主要趋势是什么的问题，那么你应该是驾轻就熟了。你只需深呼吸放松一下，微笑着站起来，然后开始说就可以了。

但是有时候这又是挺不容易的。你也许会被问及从来就没想过的问题。在这种情况下当然没有时间去思考，但是你可以想办法将这个问题转变成你已经仔细思考过的问题。

政客们就总是这么做。最简单的做法是先说“这是一个很好的问题，它与另外一个更根本的问题有关”，然后提出一个你希望被提及的问题，回答它。倘若你说的是一些很有意义的事情，那么人们也不会在意事实上你并没有回答他们所提的问题。

或者你可以说“这是我对整个问题的看法”，这么说就可以从大方向着手，而不必拘泥于你不知道的细节或事实。以上两种做法都是大胆的。你自说自话，然后用半道歉的口吻说“希望这些可以回答你们的问题”，这样就可以挡住别人的话柄。

根据现实境况的不同，你还需要对以上行为做出一定的调整。例如：

倘若你正在出席一个会议。出席会议前一定要先看看议事日程。寻找议程上标有更新或注解的项目，并想想你可以如何谈论这些问题。即使日程上没有与你或者你所在领域职责相关的项目，你也可以想想哪些是你可以谈论的。

假如你有预感会被点名演讲。例如，你看到日程上有一项“来宾评议”，而你就是来宾之一，那么请开始着手准备思路吧！你甚至有时间在纸片或者纸巾上写下一些要点（那就是“即席的”说法的由来），过去人们通常将笔记抄袭在衬衫袖口上用以准备一个简单的演讲。

假如你一点心理准备也没有就被点名演讲。如果受邀演讲的情况来得非常突然，那么最好的办法就是拖延两句。在这种情形下，你可以说一些礼貌但没有实质性内容的话来开始你的演讲。慢慢地站起来，选好站的位置，深呼吸，然后看着某个人的眼睛，微笑，说一些像“很高兴你们能够给我这么好的机会来谈论一些对在座的各位都如此重要的问题”之类的话。当然，你可以在此基础上适当增添一两句话或者更多。实际上你根本什么也没说，只是在给自己争取一些思考的时间。

思考的时候，快速地回忆你曾经发表过的演讲的部分内容。例如，要是你受邀就企业的发展趋势发表一些评论，而两个月前你在公司年会上说过有关“前面的挑战”的话题，那么，取其中的一部分内容——一个挑战，然后将这部分内容拿来这里说就可以了。你并没有剽窃任何人，而是剽窃你自己。有经验的演讲人员经常这么做。

! 爱说

临场计划

在即兴演讲的时候，请遵循以下指南：

- **做自己。**即使没有办法组织一次结构最紧凑、最具有深刻见解、最明智的评论，你也总是可以说说你是谁，你是做什么的，为什么你会关心某些人、某些事等。你可以与听众互动——尽量是会谈式的。人们也许记不住你说了些什么，但是至少他们可以记住你这个人以及你给他们留下的深刻印象。

坚持己见。这类演讲就像一位来宾在报纸专栏上的评论。不要对已经谈过的与该主题有关的所有内容做一个彻底的调查；不要限制自己像祖·弗莱得（Joe Friday）①一样，做“仅仅是事实”的报告，提供一个——仅仅是一个——精心关注的视野，使主题变得更强大、尖锐、有朝气。假如你能给出一个与现行说法相悖的观点并将其以出乎意料的方式表达出来，那么，一切都挺好。你肯定希望引发人们的思考，并且希望他们记住你，认为你是一位值得一听的人。

简洁。简短是几乎所有伟大演讲的一个共同的重要标志。同时它也是所有即兴演讲的标志。说你要说的，说完请坐下。在绝大多数情形下，30秒到两分钟时间的演讲已经足够长了（如果事件的协调人或者主持人确实希望你多说一些，那么他应该预先和你打招呼）。

“我从来不借助已经准备好的便条，”美国天主教会主教富尔顿·希恩（Bishop Fulton Sheen）——五六十年代很受欢迎的电视传道上说，“任何一个人，如果不能即兴发表30分钟的演讲，也就不是一个有名的演讲家。”

---

① 美国电视剧《警网》（*Dragnet*）中的一位实事求是的警探。——编者注

30 分钟的即兴演讲也许野心有点太大了。但是确实——哪怕只有一点点准备——任何一位领导都能即兴说上 1~2 分钟。

20 激发听众的想象力

幼儿园的小朋友喜欢假期、午休时间以及展示课。展示课上，小朋友们将从家里带来的东西展示给同学们看，并告诉他们这件东西的来历等。小朋友们不会因为担心明天要说些什么而一晚上睡不着觉。他们也不会担心如何去表达，他们是不会令听众厌烦的。因此展示课是发表演讲的一个好模式。

但是也不能照抄照搬，有许多的方法都可以用来向听众展示一些东西。演讲，仅仅利用词语和你的声音，特别适合于向听众展示需要激发他们想象力的内容。想想丘吉尔的“铁幕”演讲，或者赫伯特·胡佛的经典竞选标语“每个锅里都有鸡，每个车库都有车”（这句许诺随着大萧条的到来而成为著名的笑柄）。

试想一下，一场演讲至少可以通过 4 种方式来进行：

1. 使用有助于激发想象力的名词和动词。

在主动语态中，使用具体、明确的名词和动词——也就是说，以行为动词代替无实质意义的动词。想想受人喜爱的《旧约·诗篇》之第 23 篇（23rd Psalm），在记载下来之前它就已经口头流传了几百年。在《圣经》（英文钦定版）里，这篇诗篇是 118 个字。这些字几乎每一个都代表一个能看到的名词或者行为动词。只有两个动词是以“to be”的形式出现的。

> 耶和华是我的牧者，我必不至缺乏。
>
> 他使我躺卧在青草地上，领我在可安歇的水边。
>
> 他使我的灵魂苏醒，为自己的名引导我走义路。
>
> 我虽然行过死荫的幽谷，也不怕遭害，因为你与我同在；你的杖，你的竿，都安慰我。
>
> 在我敌人面前，你为我摆设筵席。
>
> 你用油膏了我的头，使我的福杯满溢。
>
> 我一生一世必有恩惠慈爱随着我，我且要住在耶和华的殿中，直到永远！

因此演讲中应选择一些实义动词并且使用主动语态。美国劳工联合会–国会产业组织前主席莱恩·柯克兰（Lane Kirkland）在自己家乡所在的州发表关于联邦政府提供福利的演讲时说了自己的童年记忆。他没有仅仅说一些像自己如何在贫困中长大的类似回忆，而是用了很形象具体的词句来表达当时的状况。他告诉听众，“我记得当时南卡罗来纳州因为穷而没有钱买彩色涂料，因此到处都是白色。”

选择具体的、有明确意义的名词代替模糊或者笼统的名词。奥巴马在伊利诺伊州诺克斯学院（Knox College）的毕业典礼上致辞时，回忆了他作为新当选的美国参议院议员第一次召开记者招待会的情形。他并没有描述自己只是一个身份低下的政客，而是说：“我排行第 99，记者们挤满了我那小小的过渡办公室，它位于德克森办公大楼地下室、门卫的隔壁。”

2. 举例或者比较。

暗喻和明喻用得好的话在激发听众想象力方面非常有效。因此完成这句话，“我想描述的东西就像……”那就是里根总统或他的讲稿撰写人在描述被称为“星球大战”的反弹道导弹防御系统等时所用的方法。

我总是询问客户他们最喜欢的娱乐项目是什么，并且敦促他们在发表演讲的时候尽量与某些自己喜欢的活动联系起来。例如，一位公司总裁骑哈雷-戴维森（Harley-Davidson）摩托车，在一次演讲中他描述了和密友的一次旅行。他们骑着哈雷摩托，穿过斯莫基山脉（Smoky Mountains）后面的路。他回忆在旅途中所需要的协调和沟通，然后，他将这些与公司规避下一个风险所需要的团队合作精神和沟通技巧联系了起来。

一位人类家园国际组织（Habitat for Humanity）[①] 的企业教练描述了每当一个建设项目结束看到又有一个家庭搬进新居的感受，并把这种感受和她希望看到听众漂亮地完成一项工作所获得的感受相比较。

一位产品研发部的副经理已经在世界各地收集了超过 1 000 本食谱。他在演讲中描述了制作一个蛋白牛奶酥需要的 5 个步骤。

---

① 一家非政府、非营利的国际性组织。位于美国佐治亚州的人类家园国际总部，为分布在世界各地的人类家园代表处、分支机构提供信息、培训等全方位支持。该组织致力于在全球范围内消除贫困房和无家可归的现象，与合作伙伴和社区携手，为低收入家庭提供简洁、体面和经济的住房，营造和谐社区。——作者注

然后他话锋一转，谈到了使用他们公司最新产品的5个相似的步骤。

所举的例子必须是听众能够通过发挥想象力而在他们脑海中呈现出画面的。并且接下来他们能够将这种画面和你谈到的比较抽象的东西联系起来。

3. 使用道具

道具使听众更容易理解——更容易“看到”——你正在描述的事情。道具是令人难忘的，它们抓住了听众的注意力，而且使信息交流变得迅速。同时，道具也能吸引演讲者的一部分注意力，对于演讲时有些紧张的人来说这是个很不错的选择。

道具可以是任何你能在台上使用的物品。假如你用罗斯佩罗挂图，那么它就是一个道具。如果你挥舞着一副眼镜以表明你的观点，就像丘吉尔通常做的那样，那么这副眼镜就是道具。如果你站在讲台后，那么即使你没有像赫鲁晓夫在联合国演讲期间那样用鞋子敲打讲台，讲台也是一个道具（如果你用鞋子敲打讲台，那么鞋子就是道具）。

我见过人们使用道具带来了很好的效果，它们可能是一个飞盘、一个闹钟、一台水下呼吸器装置、 顶厨师帽和一个围裙、一个会翻跟斗的机器人、一根乐队女指挥的指挥棒、一副捕捉者的面具和手套、一个沙滩球，也可能是从公文包里取出来的一个保龄球。

道具几乎总是生动而有趣，它们可以是轻松愉快的或者甚至是愚蠢的——取决于当时的情形，愚蠢也许也会变成一件好事。例如，汤姆·安迅（Tom Antion）是国际知名的网路行销专家，同时也是专业的企管顾问及全职讲师。作为一位专业的演讲家，在一场演讲中他用了三顶帽子。他戴着一顶棒球帽用来描述年轻而充满干劲的公司；然后，当谈到已经达到一定水平的公司时，他换上一顶高顶丝质礼帽；最后，当谈到寻找新业务的公司时，他又戴上了太阳盔。

在另外一位演讲者的一场演讲中，听众察觉到了手机铃声。最后，演讲者意识到是她自己的手机在响，出乎听众意料的是，她接通电话，然后背对着听众打起了电话。在继续假装打电话的过程中，她明显感觉到了听众的沮丧。最后，她说——假装对着电话线另一端的人说，但实际上在座的每一位听众都能听见——“最近你讨厌人们使用手机的方式吗？他们忽视周围的人，并且谈论私人话题而每一个人都不得不听。”然后，她转向听众，挂上电话，微笑着，接着讲下一个议题，当然，这个部分是有关移动电话使用礼仪的。

爱说

如何使用道具

要有效地使用道具，请遵循以下原则：

1. 确保在座的每一位听众都能看见所使用的道具；

2. 在使用道具之前令听众的注意力集中到道具上；

3. 向听众说话，而不是向道具说话；

4. 慢慢地展示道具，使它面向各个部位的听众，不要将道具置于你的脸和听众之间，或者你的脸和麦克风之间；

5. 不要将道具在听众之间进行传递，一直拿好道具，并控制好听众关注道具的地点；

6. 仅仅运用那些你得心应手的道具，而且道具要适合听众和当时的场合。

4. 讲故事。

故事就像听众想象中的电影一样。正如我在这本书的其他地方所说的那样，故事是一场演讲中最具有影响力的部分。我甚至无法想象一位领导的演讲没有至少一个故事。这里无需多言，因为前面已经有专门的一整个章节用于描述故事的重要性了。

"生动的形象就像一首美丽的曲子，它能在情感的层面上和你进行交流，"电视制作人史蒂文·布奇柯（Steven Bochco）[①]说，"绕过你大脑中的逻辑中心，甚至是理解力区域，到达大脑中的另一个不同区域。"

大脑中涉及情感的部分是听众最轻易被影响和鼓舞的部分，而影响和鼓舞他们正是你希望做到的，对吗？

① 美国电视网的金牌制片人，肥皂剧圣手，拿过10座艾美奖杯。——作者注

21 给你的演讲画上一个漂亮的句号

一场演讲的结论部分算得上是演讲最重要的部分。结尾必须简短而有力，因为这是听众最能记住的部分。

一个强有力的结论——概括了整个演讲，将演讲前后连贯起来，并且加上了情感冲击——甚至能够令一场了无生气的演讲大放异彩，而一个不恰当的结论则会破坏最好的主题。

为了在演讲结束时得到预期的反响，你需要说一些有意义的话。好好地说，并且要让听众能够理解。

还记得电影《电视台风云》（*Network*）中霍华德·比尔（Howard Beale）这位失去控制的新闻主播吗？他怒气冲冲地叫嚷了一分半钟，最后以让大家行动起来的令人难忘的号召作为结束。“没必要让我来告诉你们事情有多糟糕。”开始时比尔说道，接着他列出一系列很糟糕的事情的清单，然后他又调高了嗓门喊道：“我们大家都知道事情很糟糕，更糟糕的是他们都疯了。”为了与处处可见的疯狂氛围相衬，他说：“我们已经退缩到自己的家里、退缩到一个绝缘地带、一个孤立的小世界里了，只是为了求得一点清静。但是我不会让你们清静的。”

然后，他不再看他的提示卡，他要求观众道：“因此，我希望你们现在就站起来，我希望你们所有人都从凳子上站起来，我希望你们马上站起来走到窗户那儿，打开窗户，伸出你们的脑袋大叫，‘我像混蛋一样疯了，我再也不想容忍这一切了！’”

比尔说明了他的理由，他唤醒了听众的情感。结束时那充满激情的号召——让大家行动起来——太完美了！

结论是一场演讲最不好准备的部分。可能正是由于这个原因，很多演讲人员都不准备结束语。他们只是停止说话，并坐下来。错愕的，或者感到解脱的听众们只是礼节性地鼓鼓掌，然后就解散了。

但是伤害已经造成，演讲者破坏了演讲包含的所有力量，听众们失望、茫然，不理解他们应该做什么或者应该有什么样的感觉。

只要遵循以下“可以做的”和“不要做的”，你就可以做得更多，做得更好：

！爱说

“不要做”和“要做”

不要做……（DON'T...）

在结论中介绍新的信息。相反的，回顾你已经说过的东西，总结你的主要观点，然后强调行动的理由。

以问与答环节作为结束部分。确实，你可以在演讲结束时回答一些问题，但是在回答完最后一个问题后，请不要简单地说声“谢谢”就坐下。相反，你应该花30秒的时间用于总结演讲。

重温一下给你的时间。如果可能的话，向听众、会议主办方以及参与本项目的其他一些人表示感谢。如果没有别的事情，请按规定时间结束你的演讲。

做……（DO…）

做好前后呼应。就像在做介绍部分一样使用一些引人注目的技巧。如果你以一个故事开始，那就以一个截然不同的故事作为结束（同样，还要使用相同的暗喻。例如，你用饥饿作为一个比喻开头，那么，就要用关于食物或者吃东西的比喻作为结束）。如果开头是问一个修辞性的问题，那么结束时就回答这个问题。要是开头是引用关于某一个问题的令人惊讶的统计数据，那么，结束时用更惊奇的解决办法。若是开头你用鞋子敲了讲台，那么结束时再敲一次。

写下结束语并且记住它。你不需要逐字逐句地写下或者通读整篇演讲稿，但是，写下最后几句话并且记住它们则是个不错的主意。因为结束语对于最后几分钟的即兴发挥太重要了，绝不能遗漏。

吹响行动的号角。一场伟大的演讲必定是能够鼓舞听众付诸行动的。用尽量简洁的语言告诉听众你希望他们做什么，然后激发他们希望这么做的愿望（鼓舞他们行动的最好方式是反复呼吁他们珍惜的价值观，并以真情打动他们）。卡丽·查普曼·卡特（Carrie Chapman Catt）是全美妇女参政协会（National American Woman Suffrage Association）的主席，并且是美国宪法第十九号修正案的全力支持者。她曾在自己最著名的一次演讲中如此结束："紧要关头，"她说，"让号角响遍每一个州的普选总部，让这种号角一遍一遍又一遍地响起来。让它们在每一篇文章中不断地被书写、不断地出现在每一场演讲中以及每一场会谈中。让号角一遍又一遍地吹响。女性的政治解放号召你们！全美的妇女们，站起来！"

充满希望地向前看。你不必是一位好好先生或是一个充满激情的乐观派，你也许会对前面的挑战感到畏缩。然而如果你对自己引导别人去做有意义的事情的能力感到没有信心，你就不可能成为一位领导。这种自信是必须进行交流和沟通的，并且看起来、听起来都是充满希望的。在罗纳德·里根的第一次就职演讲的结束部分，他讲了一个故事，是关于第一次世界大战被杀害的一位年轻人以及这位年轻人留下的誓言的。里根总统总结道："我们今天面临的危机并不要求我们做出过去要求马丁·特雷普托（那位年轻人）和其他千千万万人做出的那样的牺牲。但是它需要我们拿出最大的努力和希望来相信我们自己，相信我们有成就伟大业绩的能力；相信有上帝的帮助，我们能够并且将要解决我们现在所面临的困难。为什么我们应该相信这些呢？因为我们是美国人！"

一个差的结语——可能是结束得很突然，也可能是看起来好

像从来就不曾结束，或者只是简单地逐渐消失——能够将之前所做的各种努力都一笔勾销。

那么，你能使用哪些特别的技巧来结束一场演讲呢？这里举了一些例子：

一个简短的故事。美国前副总统休伯特·汉弗莱（Hubert Humphrey）曾经这样结束一场演讲："美国民主党政治家、第32任总统富兰克林·罗斯福于1945年4月12日在佐治亚洲的温泉镇突发脑溢血去世。当时他正正襟危坐让画家为他描绘肖像[①]，并在润饰一篇演讲稿，总统先生突然就倒了下去。他写的最后一句话是，'唯一会限制我们明天成就的因素就是我们今天的迟疑。'"

一句引用语。美国副总统艾尔·戈尔在科伦·拜恩的追悼仪式上以这些话作为结束："我知道，现在只有我的心和你们一起哭泣，只有和你们在一起我才有勇气翻过这黑暗的一页，成为一个更坚强、更富有爱心的人。因此我真心实意地相信，'地球上若没有悲伤，天堂就不能被治愈。'"

一个行动的号召。特德·科佩尔（Ted Koppel）[②]在斯坦福大学毕业典礼上的致辞是这样结束的："向往体面的生活，相互间实践文明。不论你在哪里发现合乎伦理的行为，都要有敬仰和学习之心。生活中采取严格的道德标准，如果，偶尔地，你失败了，那你一定要调整你的生活，而不是调整你的标准。关于这一点没

---

① 这位画家是伊丽莎白·邵曼托夫（Elizabeth Shoumatoff），这就是著名的《未完成的罗斯福肖像》的由来。——作者注

②"熊晓鸽新闻终身成就奖"第一位获奖者，美国广播公司著名新闻节目主持人。——作者注

有什么神秘可言。你知道做什么。现在，走出去，然后行动吧！”

又如比利·乔（Billy Joe）在美国伯克利音乐学院（Berklee College of Music）[1] 毕业典礼上的致辞：“你已经听说过罐装的、冷冻的、加工处理过的食物就像今天美国的流行音乐一样包装成盘，流传到世界各地吗？因此，在未来的岁月里，美国的作曲家和音乐家迎来了一次塑造音乐世界新运动的巨大机会。在大多数人对垃圾食品像音乐一样叫卖的状况感到满意的时候，你们有机会和责任向我们展示什么是真正的宴会音乐。你们已经熟知我们本土的艺术精品——忧郁的布鲁斯歌曲（蓝调音乐）、爵士乐、福音歌、百老汇之歌、摇滚乐和流行音乐。毕竟对于这些学校课程，你们应该知道如何制作。因此，快点做吧！对这些上等材料做一些改变，我们需要这些改变，我们非常非常的需要。”

一个希望。史蒂夫·乔布斯在给斯坦福大学毕业典礼的致辞中回忆了一本鼓舞他前进的出版物：“当时是1970年代中期，我正是你们现在这个年龄。在停刊号的封底，有张早晨乡间小路的照片，那种你去爬山时会经过的乡间小路。照片下有行小字：求知若渴，虚心若愚。那是他们亲笔写下的告别文字，我总是以此自勉。现在你们要毕业了，要开展新的生活了，我也以此勉励你们。”

一个修辞性的问题。罗纳德·里根的故事（以“有人看到这个政府工作记录会说‘干得不错’吗？”作为开始）前面已经谈过，那也是修辞方面的一个好例子。来自另外一个政治派别的拉

① 创建于1945年，尤以爵士乐教学而闻名于世，被称为“爵士乐学校”。——作者注

尔夫·纳德（Ralph Nader）在 NAACP 会议上发表的讲话可以作为修辞问题的另外一个例子："现在是问我们自己的时候了。'我们如何能够允许富人和手握权力的人不仅剥削作为消费者的人，还剥削作为纳税人的人呢？'"

正如古谚所说，"许多人不需要开头。他们需要的是结尾。"

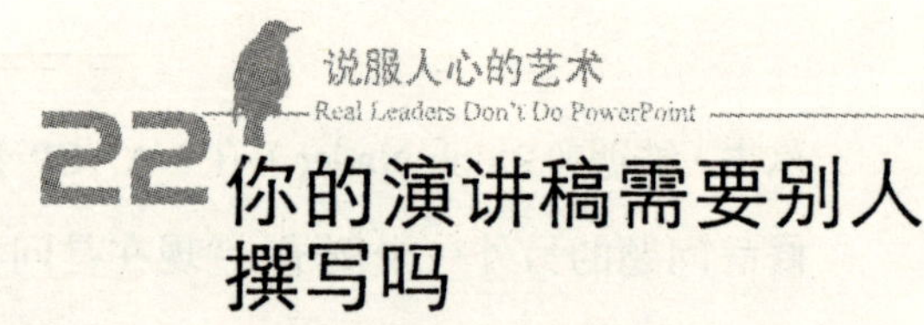

22 你的演讲稿需要别人撰写吗

你是一位领导，因此，从理想的角度来说，你应该自己写演讲稿，说出你自己的心声。

完美的情形是，你应该有时间进行高质量而广泛的阅读，伶牙俐齿，能够清楚地表达个人观点，并且能够熟练运用复杂的语法。你还应该能够像一个完美的健谈者那样讲述一个生动的故事。另外，你还要有时间像个大思想家那样闲谈，期间还不时冒出一些思想的火花。此外，你还要有能力让研究人员渴望证实你的结论。最好的情况是，你还拥有幽默的细胞使你的思想更深刻、更成熟。

如果以上几点你都能达到，那就要么是太阳从西边出来了，要么是天上掉馅饼了。

现实情况是，金无赤足，人无完人，天上也不会掉馅饼。因此，你也许应该和一些撰稿人合作，否则你就只能依靠你自己了。

事实上，也许你已经让别人帮你写好了材料。今天已经很少有领导亲自撰写他们签署的文件了——附有年度报告的文件、募捐呼吁或者传单等。因此，倘若可以让秘书将你的想法变成铅字，那为什么不让某些人帮你撰写演讲稿呢?

这里是不与演讲稿撰写人员合作的理由之一：不像其他的一些书写文件，演讲是高度个性化的，你是什么人和你写的内容之间总是有一点差距的。备忘录、信件、短评、文章、博客——不论这些是多么私人化的文章——它们也都有自己的生命，他们以铅字的形式存在从而与你疏远。但是你说的话和你个人之间却没有这样的距离。在一场演讲中，词句只有从你的嘴里说出来才具有生命和力量。你是个什么样的人和你所说的话是无法分开的。因此，授权让别人来写演讲稿对你来说有一定的风险。

有些人——也许你是他们中的一员——是不应该与演讲稿撰写人合作的。他们是一群天才的演讲家，他们知道自己在说什么，只要稍微提前通知一下，他们就能发表一场精练、几近完美的演说。有些非常漂亮的演讲只是来源于一些提纲，其中穿插一些鼓舞听众的话语。有些演讲人员非常反对让其他人将话语放到他们嘴巴里，以至于他们甚至无法想象和一位演讲撰稿人合作。

此外，还有一些情形也使演讲者不适合与演讲稿撰写人合作。例如，对于初入行的人员来说，聘请讲稿撰写人有些太贵了。如果你没有准备好或者不能支付一大笔钱，那就不要费神找讲稿撰写人了。再比如，如果你工期很紧张，没有时间寻找合适的人选，也不可能使他很快进入角色，那么你也不适合与演讲撰稿人合作。

和演讲稿撰写人合作的第一条原则——如果这样做对你有意义的话——是寻找一位能够理解你的想法，并且能够把你的想法

付诸笔端的人。人们通常都希望能够在撰写人员的帮助下，让自己的演讲听起来像是出自一些著名的演讲家——比如丘吉尔、富兰克林·罗斯福或者玛格丽特·撒切尔——像他们中的任何一个都好，只是不要像自己。然而事实上，你真正要找的应当是一位能够使你的演讲听起来像是出自处于最佳状态的你的撰稿人。一位好的撰稿人必须是用你的话语和演讲模式，然后加以整理、润饰，当然，最终结果是演讲听起来仍然像是你自己的。

第二条原则是，花一定的时间和撰稿人一起工作。如果你全权委托专业撰稿人负责演讲稿的撰写，那么，最终出炉的演讲稿也许并不能令你满意。你与撰稿人接触的机会越多，和他们分享你的见识和思维的过程越多，和他们谈话的时间越多，撰稿人就能做得越好。

爱说

如何面试撰稿人

在现实世界里，时间宝贵，听众们也变得越来越有鉴赏能力，而演讲稿撰写人也许可以对你有所帮助。然而，你必须明白，找到一位称心如意的撰稿人并不像听起来那么简单，因为，事实上，你是在寻找一位搭档。你是具体演讲内容方面的专家，而撰稿人应该是沟通方面的专家。你需要一位了解行情，并且能够和你合拍的撰稿人。

以下是一些你在面试撰稿人的时候应该问的一些问题：

- **经历。**你从事演讲稿撰写有多长时间了？你曾经和谁有过合作？你与哪种类型的客户合作得最好？（你肯定不会希望自己是训练撰稿人的那个人。同时，你还要注意他是否喜欢恶语中伤某位客户。你还要确定他是一位能够保守个人隐私的人。）

- **专长的领域。**你大部分时间是写演讲稿还是你也同时写些新闻稿、小册子、资料袋、网页等？我认为一个人能写的类型越多，就越不适于写演讲稿。

- **工作案例。**我能看你的一些工作案例吗？（因为一个演讲稿的所有权是属于客户，而不是属于撰写人的，因此，你应该不能看到他的整篇演讲稿。）

- **精通相关事项。**你了解我所在的领域或者行业吗？你知道我即将演讲的事项的相关内容吗？（你不能指望撰稿人和你了解得一样多，但是你肯定希望他是一位善于阅读并能快速学习的人。）

- **写稿过程。**我们多长时间碰一次面？在这些会面中分别有哪些任务？我们是面对面交流还是电话约谈？我应该计划投入多少时间和精力？（这一项应该和你的时间表相匹配。）

- **你能够得到的好处。**我为什么要聘请你？在写演讲稿的过程中，你能帮我做哪些我本人不能做的事情？

- **价钱。**这项工作要花费我多少钱？工作进展到哪一步的时候我需要进行支付？

几年前，我受聘为一位大学校长写演讲稿。这次毕业典礼对这所学校的周年庆是非常重要的。校长的这次演讲时间规定是20

分钟。这项工作相当仓促，校长非常忙，我们的预约不得不一次又一次地改期。最后，校长助理结束了他作为中间人的身份，向我传达一些简短而含糊的说法。他说的都是些模棱两可的话——或者是关于这所大学在当代社会的角色的，或者是关于最近几年的教育体制改革的，或者是关于毕业生变成世界公民的需要的。

尽管做了许多尝试，我却一次也没有和校长谈上话，不论是当面的还是通过电话的。因此这篇演讲稿是大体的、一般的，而且至少对我来说是尴尬的。当然，我学习了最近一些长官演讲稿撰写人总结出来的规则：**经常公开和客户接触的撰稿人员能够完成一篇精彩的演讲稿，反之则不能。**

你应该至少亲自或者通过电话和撰稿人接触 4 次。

第一次会面，撰稿人会希望讨论一些基本的东西：事件、听众、你的目标、你的中心思想以及 2~3 条主要观点。

第二次会面，你们两个应该回顾一下演讲的主要目的以及主要观点。撰稿人将列出详细的大纲，并讨论他已经确定的一些支持材料，询问你的意见，并做出选择。

第三次会面，你应该对演讲稿有一个大体的了解。第一次默默地读一遍以确认它有意义，如果你对它一点儿也不理解，那就用下划线做记号——这些是需要修改的。然后大声地通篇读完，在你觉得有问题的词句下做下划线——这些词句同样需要修改。问你自己：这篇演讲稿和你知道的情况以及你想说的是否一致。

第四次也是最后一次会面是——或者应该是——做一些较小的调整和优化。

当然，如果情况紧急，你也可以压缩这些程序。在演讲的前一天完成演讲稿是有可能的——大多数撰写人的亲身经历可以证明这一点，但是这样做并不好。最好有1~4个月的时间用于讲稿的撰写，具体取决于你的时间和演讲的时间。

同一位好的撰稿人合作可以让你有一场值得骄傲的演讲。更重要的是，这种合作能够教会你创作演讲稿的过程，那样，有一天也许你就可以自己完成一篇演讲稿了。

死神不至，生命不止

1931 年，政治领袖、艺术家、科学家们纷纷就坐，他们前来为受人尊敬的美国最高法院陪审法官，奥利弗·温德尔·霍默斯（Oliver Wendell Holmes）庆祝 90 岁生日。在即将结束的时候，霍默斯发表了简短的即兴演讲，以表示对大家的感谢。即使是对着几百万看不见的收音机听众，演讲仍然让人觉得有些私密性——这是一位老人在传授他个人累积多年的一些智慧。听起来这些话语就像是来自他的内心而传到另一个人的耳朵里——你的耳朵里。在这场演讲里双方都很谦虚——一位有很高造诣的 90 岁老人激励我们继续努力工作，并且鼓励我们——就像他激励我们好好活着，真正地活着一样。

此刻，沉默是金。生命的旅途即将结束，要表达个人感受并非易事。

我只想谈一下我作为一名听众的想法。骑手们并非一到终点就即刻停止，而是继续缓步向前，倾听朋友的欢呼，并告诉自己行程结束了。只要能力尚在，人生之旅就永未结束。终点之后的慢跑并非止步不前，只要活着便不能如此。活着就要有所作为，这就是生命的真谛。

最后谨以一句古老的拉丁格言与诸位共勉：死神不至，生命不止。

第四部分

你不可不知的演讲10大技巧

把一个伟大的构思表达清楚、令人信服需要技巧。演讲需要你使用你的身体、你的声音去表达要传递的信息，它是要你尽可能有力地表达真实的自我，真正达到和听众交流的目的。你不是通过讲话而是通过交流来赢得听众。

23 展现真实的自我

一个宣传组的执行主任请求我在一个30秒钟的广播节目中提供现场协助。撰写这个剧本的公关人员在录音现场充当导演角色。这个小片段的高潮部分是一句这样的话："我感到很气愤，而你也应该感到气愤。"

尽管执行主任表现得很有勇气、说话流畅，并且很专注，他的话语里却没能表现出气愤的情绪。他的"我感到很气愤"的发音听起来更像是在说"我很在意"或者是"这有点让我烦恼"。在我没能来得及说什么的时候，那个公关人员打断了他，说："你根本就不是在表达气愤。"然后，她很自信地演示了一遍如何进行气愤的叫嚷。

她又连续演示了6次仍然没能让我委托人的讲话方式有明显的改变，他的讲话方式仍然很平坦、不带情绪。最后，他们俩都感到很受挫，于是公关人员向我寻求帮助，她恳求我道："你能不能帮他做点什么，让他把这种气愤表现出来？"

我把执行主任拉到一边并问他："给你 1~10 的衡量等级，你对目前的问题有多气愤呢？"他没有明白我的意思，我接着说："在今天我们面临的所有问题中，这个问题并没有让我感到很烦恼。我将给这个问题一个 1 或者 2 的气愤等级。你认为应该给目前的问题一个什么样的等级呢？"他羞怯地微笑并且认可了我的意思。

我们又谈了一会儿，然后我建议他将台词改为："我认为这是错误的，我们应该对此有所行动。"我的方法显然奏效了，因为他能够很坚定的、很恰当、带着强烈感情地将那些台词说出来了，即便那种感情是被抑制了的。

我见过的大部分演讲指导者并不比这位导演好。他们告诉演讲者要如何去站、如何去移动、采用什么样的姿势；他们总是要求客户使用抑扬顿挫的声音。正如前面的那位公关人员一样，他们无意识地试着将他们客户的演讲风格改造成自己的演讲风格。

但是，演讲需要你使用你的身体、你的声音去表达你所要传递的信息。它要的不仅仅是技术，它是要你尽可能有力地表达真实的自我。"to deliver"原意是"使某人自由或者释放某人"，我不知道要释放的是什么：是释放关于你是谁，还是释放你想传达的信息。也许这两者都或多或少有点儿吧！

为了不让你的演讲听起来，或者感觉上，像是在舞台上表演，你应该尝试这些方法：

做自己。你需要很努力地工作、练习，并且要有很足的自信，这样才能在观众面前表现自己。

你还要花很多功夫去忘却别人教你的演讲方式。别去模仿其他人的演讲方式，即使那人是你的偶像。

喜剧演员鲍伯·纽哈特（Bob Newhart）以他毫无表情的演讲和扮演总是被奇怪的演员——更多的是奇怪的事——包围着的配角而闻名于世。他曾告诉一个记者他职业生涯中最为受挫的一次经历。一个长期上演的系列电视剧《鲍勃·纽哈特秀》（*Bob Newhart Show*）的嘉宾导演不断迫使鲍伯先生加快他的对白，并且要求他表现得更有感情些。最后鲍伯先生恼怒地对他说："看着，我是鲍伯·纽哈特。那就是我做的事。那就是我所做的一切。"

学习别人，学习他们在观众面前的神色和话语，学习那些所说的话让你感到钦佩的领导，或许应该还要有个教练陪着你。但是绝不要盲目地学习别人，而是要做自己。

更大气、更大声。刚才只是敦促你们要有自己的风格，现在我要加一个限定条件：只在更有气势、更大声的前提下去表现自我。演讲台上不是一个供怕羞之人畏缩的地方，也不是表现文静、谦逊和自贬的地方。

在给演讲者们排练的时候，我们通常围坐在饭桌边或者坐在书桌对面，在一对一的情况下我一边让他们演讲一边和他们的交谈。这个时候，他们往往头脑很清晰、口语描述栩栩如生。他们使用一连串自然的姿势，而且说话声音抑扬顿挫。

看到这些，我对他们说："你们做得很好。现在站到演讲台上，把你们刚才的表现重复一遍。而一旦走上演讲台，十有八九，他们的表现会在我的眼皮子底下变得和在台下时完全不一样：他们在畏缩，动作开始变得僵硬，他们的声音让之前的活力全无，他们的手臂自始至终地放在一边，或者双手以一种我从未见他们使用过的姿势攥着。他们已经进入了被我称为“演讲人的方式”的状态。

我的任务就是让他们将在讲台下和我交谈的方式在演讲台上使用，但是需要添加一点活力——更有气势，更加大声。

当你站在一个听众面前时，使用自然的姿势，只是做得稍微夸张一些就好。另外，你还要说得大声些，因为当说话的声音提高时，声音的活力和力度就会有惊人的提高。

充满激情。别说那些你不关心的东西。如果关心它，就把它以自己的风格展示出来。不要只是简单地提出一个合理的建议，在得出合理的结论之前要对这个建议的好坏两个方面进行冷静的分析（当然，有时候，比如做高技术的科学报告时，你就需要提出精确的、没有疑问的方案）。然而此时，你需要的是专注于你的演讲。我并不是在要求你去体会你没有经历过的事情，也没有让你去表现你不具有的感情。相反的，我是在要求你表现出自己真正的感觉。

例如，我曾经和一个口头建议的主要提议人一起合作，这个提议是制定一个防卫协议，为即将在伊拉克服役的士兵提供虚拟训练。他是从装甲部队退役的团长，是一个敬业、严肃、坦白正直，说话沉着冷静的人。在排练的时候，他使用经过严密组织、合理推论过的演讲概述了他们公司提议的效力。但是，他说的话听起来就像是他正在照着一本关于如何让话语更有说服力的书做一样。他很棒，但是，他的话让他听上去就像一个与事件无关的第三者，

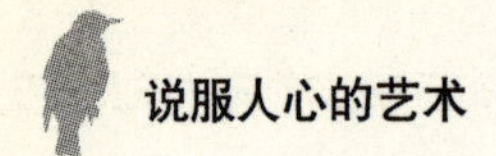

然而我知道，自为发展这个提议而工作以来他确实为这事尽心尽力。

“我知道你想为公司赢得这份合同，”我对他说，“但是，我不知道或者我不能从你的演讲里听出来你为什么想要赢得这份合同。你为什么会那么在乎？”

他把手伸进他的公文包，拿出一封来自伊拉克前线指挥官的信。他给我读了这封信，当读到那句“你们的项目是拯救性命的项目，我知道是因为它曾经救了我的命”时他哽咽了。然后他很坚定地说：“那就是为什么我会支持这个提议的原因。因为我知道我们所做的能拯救作战者的性命，包括我曾经领导过的士兵们的性命。”

我告诉他别对已经准备好的讲话做任何改动，但是要改变讲话的方式：“我希望你在演讲的时候保持头脑清晰，知道你所知道的，体会你所体会到的。”在他的团队赢得那份合同后他告诉我，对讲话的方式做一点小的改变影响了全局，或者至少影响了他的说话方式。

大部分演讲者总是在他们自己和所演讲的内容之间保持有点远的距离。这个事实就好像是在告诉观众：只要别拒绝我就行，你可以接受或者不接受我所说的。但是，真正的领导不会想去远离他们所演讲的内容，他们会将激情展现出来。

戏剧性。有点小戏剧情节能吸引人们的注意力。然而，大部分领导都很想展现自己强势的一面，结果令自己看起来像块木头。他们担心如果将演讲变得很有感情或者很幽默，自己就不会被认真对待或者得到他们认为自己应得的尊重。是的，你得让自己觉得有舞台的约束。但是，在舞台上你也要比在舞台下更加有激情，说话更大声，并且确实需要更多的戏剧性。

当你说一个故事时，把你自己置身其中并且使用停顿和声音甚至是音响效果（最好的训练方法就是，在没有大人在场的情况下给一个小孩大声地念故事）。还要善于使用道具，适时提高你的音量或者低声细语（当然，是对着微型麦克风说）。停顿，并不是为了去想接下来要说什么，而是为了强调你刚刚说过的内容（也就是戏剧性的片段）。

我们中的大部分人都会因害羞而不敢在众人面前讲话。我们会倾向于畏缩——倾向于限制我们的热情、限制我们音量的大小、限制手势动作的幅度——然而，事实却需要我们做相反的事。

早些时候，我曾和一位演讲教练合作，由他帮我突破演讲时的自我约束。他不断地要求我要更有气势、说话更大声、更有表现力，然而我却不断地违抗他。最后，他问道："除了怕使自己出丑之外你还怕什么？"

"除了怕使自己出丑之外，"我说，"我还担心我会表现得太做作。"他问我做作是怎样的，我回答说："我不想让自己听起来像劳伦斯·奥立弗（Laurence Olivier）[①]。"

"让我看看。"他回答说。我疑惑地看着他，于是他又说了一遍："让我看看你能表现得多做作。我喜欢劳伦斯·奥立弗，让我

① 英国演员。被公认为20世纪最伟大的莎士比亚戏剧演员，也是屈指可数的优秀电影演员之一。——编者注

看看你听起来到底能不能像他。”

毫无疑问，我根本就不能模仿他说话。那个教练给我上了一课，现在我也将这些授予我的客户们。我们给自己的表达力施加压力，害怕自己会走得太远、太可笑，但事实上，即使努力去做，我们中的大部分人也无法做到那样。

很少人——在我的经验中，少于1%的人——需要去担心做得过好。我们中的大部分人都远远地留在过好的标准线之下。

你发表演讲的方式绝不能脱离你自己——你是如何自然地表达你自己的——绝不能脱离你想传达的原意，也不能脱离事件本身的性质。

24 摆脱“演讲恐惧症”

杰瑞·宋飞（Jerry Seinfeld）做了一些指定的调查，结果指出：人们最害怕的事情是在公众面前发言，而第二害怕的事情是死亡。“那看上去是正常的吗？”他问道，“对寻常百姓而言，那意味着如果他们需要去一个葬礼，那他们宁可待在棺材里也不愿意给人做悼词。”

有一次我还确实遇到过这种例子。一个刚成立的生命科学公司的CEO被提名去做20分钟的演讲，他一天之内要给不同的风险投资家团体做4次这样的演讲，并且每次都有10分钟的自由问答时间。被选择去给那些金融大腕们演讲对他而言俨然是一个很好的机会，但显然，这个机会给他带来的更多是烦恼，因为在进行第一次演讲之前他就因为心脏病发作而倒下了。最后，虽然他活过来了，但是这次经历告诉我，当有人说他宁愿死也不愿意上台演讲的时候，我们应该把他的话当真。

谈到在公众面前发表演讲这个话题时，确实存在两种类型的恐惧心理。有一种是人们通常都能想到的，我们姑且把它称之为舞台恐惧症。它能使人产生一系列特定的生理反应——出汗、手颤动、膝盖发抖、心跳加速、呼吸困难，还有记忆流失和口齿不清等。这些症状的反应因人而异，轻重不等。

你能或者你会消除怯场症吗？林肯、邱吉尔、阿德莱·史蒂文森（Adlai Stevenson），或者众多其他著名的演讲家都不能做到消除舞台恐惧症，因此，你也不太可能做到。我有一位客户，是一个非常成功的神经外科医生，并且表面看上去是个非常自信的演讲者，但他坦承，在没有默默祈祷之前，晚上他是无法入睡的。但是我们可以有很多种应对这种恐惧的技巧和策略，有经验的演讲者能运用很多方法把这种恐惧转化成一种提升他们演讲水平的力量。我会简单介绍这些方法和技术。

然而，另外一种恐惧却很少被认识到。当我们暴露真正的自我时，这种恐惧就会出现。在不知道我们的想法，甚至是自己本身是会被接受还是会被排斥之前，站在别人面前表明自己的立场，声援我们通过艰辛所得的真相，将会是一个巨大的挑战。目前还不知道有什么技术或方法能消除这个未命名的恐惧，而勇气是唯一的补救方法。

即使你能消除怯场症并把它转化成你的优势，你也不能消除另一种类型的恐惧，而且我不认为你有必要去尝试消除这种恐惧。当像领导一样站在台上讲话时，不论你是多么善于社交、经验有多丰富，你都会多少感到一丝害怕。这是你存在于现实世界的一种必然表征。这表明当别人出于谨慎，只说别人说过的话时，你却敢于很直率、很肯定地说出你的意思。

有人问：“要如何应对第一种恐惧，即怯场症？”当你察觉到一种威胁时，比如，有一位听众对你表现出很大的威胁，你的身体就会立即做出反应。你的身体会转变为“面临或逃避”的模式：你的生理系统会产生很多肾上腺素，脉搏频率加快，呼吸加速且变浅，开始流汗。急速流动的血液将大部分氧气送给你身体上有大块肌肉的区域——你的手臂和腿部——为它们的活动做好准备，而人脑中更高的区域，比如像控制记忆和语言表达能力的区域，它们的氧气量则将会减少。如果你不攻击某物或者不跑动——比如你只是抓着演讲台站在那儿——你身上多余的肾上腺素就会使你的手臂和大腿不断地颤抖。

怯场，会让你动作生硬、不自然。它能减慢你的思维活动，导致你思维停顿。它能使你记不起某些短语、词汇、事情和人物。如果你是男性，你的声音可能会变得平坦、单调。如果你是女性，你的音调会变得更高，听起来就像是在假装表现得很有活力。怯场很不好，但是如果你能把怯场心理减少到可以控制的范围之内，你自然的风格、真实的个性，你的机智幽默，还有你头脑里所具有的信息就都会快速、大量而清晰地展现出来。

所以，控制住你的恐惧症状。

准备好。如果没有准备好要说的内容就站在听众面前，那你肯定会觉得很紧张。紧张其实是你的身体想对你说，“你这笨蛋。下次别让我这么干了。”第一代美国公众演讲大师戴尔·卡内基曾经写道：“只有准备好了的演讲者才配得到自信。”

调整呼吸。恐惧会使你的呼吸又快又浅，几乎像是在喘息，或者——更糟糕——呼吸困难。为了应付这种情况，无论何时感到紧张，你都可以做几次很慢的深呼吸，特别是在开始演讲的前2~3分钟。这种类型的呼吸，有时被称为腹式呼吸或者膈呼吸，是一种最古老、最普遍的放松技巧之一。如果练习正确，它能缓解你的紧张情绪，而且它的效果会比任何其他方法都来得快。

在可靠的听众面前练习。寻找机会去那些可靠的地方演讲。可以考虑参加公众演讲者俱乐部（Toastmasters club，你可以在www.toastmasters.org网站上找到离你最近的俱乐部）。公众演讲者俱乐部每周都有聚会，它含有一个阶段性的步骤，能让你在互助的氛围下，轻松地从婴儿水平的演讲者成长为熟稔的演讲者。

亲近听众。在演讲开始之前就让别人注意你。介绍你自己并跟别人握手。至少要认识一些人，这样就不会只对着一群不认识的人讲话了。开始演讲的时候，试着寻找那些友善的面孔，想象你正在和他们交谈——一对一的交谈，而不是纯粹一场个人演讲。让他们对你的演讲打心底里感兴趣，并且要记住，你并不是在把自己不想要的东西强加给他们，而是在分享一些能让他们在某些方面受益的东西。

- **在演讲前别喝咖啡和酒。**你不需要其他任何刺激物。
- **别刻意去感觉你是否紧张。**别让人们看出你紧张。如果你的手在颤抖，那就把它们放在演讲台边上，但是千万别像抓救命草一样抓演讲台。避免拿起笔记本、水杯或者其他任何会使你颤抖加重的东西。
- **装做不紧张。**要知道你并没有自己想象的那么紧张。你是通过内心的感受——你那快速跳动的心脏、流满汗水的手掌，还有不断翻腾的胃来判断自己的感觉的，人们则是通过他们所能看到的外表来对你做出判断的。你绝对不会，或者几乎不会看起来像你感觉的那么紧张。如果不断地让人们认为你很有自信，那么过一会儿你就会开始感觉自己真的很有信心了。

爱说

你什么时候会感到紧张呢？

不同的人会在不同的时候感到紧张。应对紧张的窍门是，在恐惧发生时尽早地将它认出来，这样就可以在恐惧超出可控范围之前对它采取措施。现在我将介绍人们往往会感到焦虑的一些场合和解决这些焦虑的一些策略：

一般情况。有些人总是会对演讲产生恐惧心理，以至于他们时刻都对演讲保持警惕，避开任何可能让他们去做演讲的场面。例如，他们可能会坚决地拒绝给一个项目做更新演讲，尽管他们是这项工程的领导，尽管他们的拒绝会对他们的形象产生负面影响。又或者他们会拒绝给一个产品做宣传，因为害怕这个新工作会要求他们做一些演讲。消除这种类型的恐惧没有特效药。要想应对这个恐惧，你就必须认清恐惧会使你退缩、损害你的事业，或者妨碍你对别人造成（积极的）影响。如果参加公众演讲者俱乐部的想法对你而言很恐怖，你也可以寻求一个演讲教练的帮助。

演讲的一周前。一些人会在大事来临的7~10天之前变得很焦虑，因为在这段时间内他们意识到自己已经不能再拖延该事件的准备工作了。这种"该为它做点事"的想法让他们变得不知所措（这是一个恶性循环，害怕失败使他们不想为此准备，未经准备的演讲更加确定了他们的失败，失败反过来又让他们更害怕）。试试这种方法：承认你的恐惧，然后做一件小事。把你的准备分成几个易处理的小部分，比如，分析你的听众、做一些基本的研究、确定你要达到的演讲效果、给你的演讲做一个提纲——一步一步开始做。

演讲的前一刻。大部分人都说他们在演讲的前1~2分钟最为紧张。当正在被介绍或者正在等待会议开始的时候，他们就会感觉神经像突然间被一个钉子刺激了一样。这种感觉将持续到他们演讲开始的前30~60秒，并且随着演讲的进行，他们神经里的钉子会越来越尖，他们会越来越紧张。这个时候演讲者就需要进行缓慢的深呼吸。一定要注意你的呼吸，并且要提醒自己，观众是希望你能成功的，而且你的演讲是处处为听众着想的。

演讲后。有些人在演讲结束后会感觉很紧张。他们会将演讲的过程在脑海里重播一遍，将所有注意力集中在他们做错的细节上，严厉地责备自己没有做好，并且忽视所受到的所有赞赏。他们使自己进入一个很焦虑的状态。应对这种状况所需要的是态度的调整。善待自己，没有人是因为被一个严厉的批评家抨击而进步的——包括来自内心深处的批评家——这些批论家往往会紧盯着你不放、指出你所犯的错，并进一步贬低你。只要有进步就好了，没必要追求完美。应该使你的目标致力于做一个足够好的演讲，而不是做一个没有瑕疵的演讲。

仔细想一想，你是不是觉得那些认为演讲比其他任何事情都要来得可怕的想法有点愚蠢呢？我怀疑，如果将那些常常被引用的调查报告以不同的语言表达出来，其结果将会大不相同。例如，想象一下，如果被问到你将更害怕哪件事发生：做一次演讲还是失去你最爱的人？做一次演讲还是被诊断出得了令你痛苦不堪的不治之症？做一次演讲还是被解雇？如果你对以上问题的回答都是“做一次演讲”，那你真的需要认真地重新审查一下你要优先考虑的事了。有许多事情都比“做演讲”更能引起你的焦躁不安。

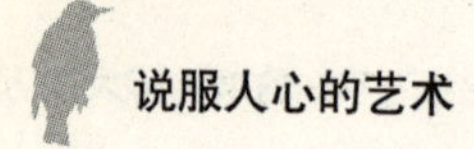

害怕做演讲是很正常的。别发愁，很多人也有同样的苦恼。但是请正确地看待这种恐惧。如果你的这种恐惧变得太过严重，你就要采取一些行动以减少恐惧。谨记罗斯福的话："假如能坚持做那些害怕做的事情，直到身后积累起很多成功的经验，那么我相信每个人都能战胜恐惧。"

25 交流而不是单纯的讲话

在电视谐趣节目中，由莉莉·汤姆林（Lily Tomlin）扮演的很讽刺、很专横的电话接线员欧内斯汀，曾经用她那高分贝、含有鼻音的声音问道："如果我去参加聚会，我和谁说话呢？"

这是很可笑的问题（这就是为什么它很有趣的原因所在）。当然，最终她参加了聚会，并且和参加聚会的其他人聊了起来。如果不和参加聚会的人说话，她还能和谁说话呢？

但是对于演讲家而言，这并不是一个可笑的问题。相反，事实上，它可能是一个很经典的问题。因为一场演讲不仅仅要知道说什么或者应该让听众听到什么，更应该关心是否真的达到和听众交流的目的了。如果在一场演讲里演讲者没能和听众交流，那这场演讲就不叫演讲了。

许多年前，我的最好的演讲老师，弗瑞德，曾尝试用各种方法帮我克服冷淡或者矜持——别人都是这么评价我的。

弗瑞德老师意识到我太注重在心理上克制恐惧，以至于我已经没有精力将自己放开来和听众交流了。但我们使尽了全力也没有起到什么效果。

最后，他问我谁是我最喜欢的喜剧演员，我告诉他是强尼·卡森（Johnny Carson）。于是弗瑞德就问我喜欢强尼什么，我说他总有很多好的素材，但是我真正喜欢的是，当他的玩笑引起听众爆笑的时候，他能巧妙地回应观众们的反应，他会为此再讲一个笑话。然而没人会为这个笑话笑，事实上，有些人还会对此发出抱怨。此时强尼就会变得很活跃。他会即兴表演一些有趣的反驳或者他会表现得很痛苦但却很滑稽，然后把观众的不满当做另一个有趣故事的跳板。最后他会让这个笑话变得比原来的笑话更好笑，尽管观众也喜欢原来的那个笑话。笑话——至少对强尼来说——不是指在说笑话和纯粹地使听众笑，而是应该打趣听众，或者更好的是，和听众开玩笑。

对于一场好的演讲而言，道理也是一样。**一场好的演讲不仅仅是要你说话——也许是很好听的话，也不仅仅是要让听众思考，而是要你和听众一起交流。**

换句话说，你不是要对听众讲话，而是要通过和他们交谈来赢得他们。就拿罗纳德·里根、比尔·克林顿和托尼·布莱尔来说。尽管政治信仰有很大的区别，他们却都有能力去赢得听众、感动听众。你可能会记不起他们具体说过些什么，但是你却不会忘记当时他们对听众造成的巨大影响。

赢得听众有时被称为与听众建立融洽的关系，但是它来得更需要技巧。这不是靠你自己就能做好的事，而是需要你和听众一起来完成。

赢得听众包括赢得听众的注意力、尊重和情感，最重要的是建立相互间的关注、尊重和情感。

爱说

关注、尊重和情感

注意力。你一方面要集中注意力去演讲，另一方面还要期待能赢得听众的注意力。为了给予听众应有的关注，你要在演讲前尽可能地收集听众的信息，根据听众的意见修改你的演讲内容，使它们符合听众的需要。演讲前你要和听众互动，并要做任何能在你和听众之间架设沟通桥梁的事情。

你可以要求听众专心听你说，前提是你必须先和听众接触。你也有权力期待听众回应你的努力，但这常常被人忽视，这并不全是你的责任。如果你认为或者表现得和听众交流完全是你一个人的责任，那么你注定会使自己失败。其一，你会让自己工作过度；其二，你会让听众摆脱困境。你有权力让听众在演讲会上投入一些精力，单凭你一个人把这些都揽下来会是很困难的。

其实让观众集中注意力最巧妙的方法就是沉默。走上讲台，整理你的笔记（如果你有的话）、调整你面前的麦克风，看着你的听众，然后不说话，就在那儿停着。等到恰当的时间——也许会比你认为的时间更长一些，这也是正常的（当然，在听众面前沉默需要很大的勇气），听众会很快安静下来，把注意力集中在你的身上，然后你再开始演讲。

詹姆士·休莫斯（James Humes）——一个曾为5位美国总统服务过的演讲稿撰写人，就曾这样写道："每次停下来等待都会增强你开场白的效果……站在那盯着，向你的听众提出要求，听众们才会洗耳恭听。"

互相尊重。你当然希望听众尊重你，如果没有尊重，你这个领导就会一事无成。而且你肯定希望在演讲未开始之前自己获得的尊重越多越好。你能赢得观众，一部分是因为你的声望还有听众对你的了解和感觉，一部分得益于听众通过别人对你的介绍对你的了解，还有一部分取决于你如何在听众面前表现自己。你的外表——衣着、站姿和举止——和你的音高、音质、音量等，这些都对你是否能够赢得听众的尊重大有影响。你对他们以及他们的时间、价值观、兴趣越尊重，他们就会对你越尊重。

这里存在一个问题：为了跟听众说话你就必须尊重他们吗？我得回答说："是的，你得这么做。"你没必要尊重他们的观点、行为或者态度。你可以和他们观点不同，甚至厌恶他们的信仰和行为。但是，如果你不尊重他们就不应该和他们说话。领导们就常常走进和自己观点、想法相反的群体中去交流，有时为了改变对方，领导们甚至会表现得很热情。

情感。我说的感情指的是喜欢。如果可能的话，你肯定希望听众喜欢你。那并不是说他们会喜欢你、对你产生温暖且浪漫的感情，或者想把你带回去见他们的家长，而是说他们喜欢和你相处。当然，让别人喜欢自己最简单的办法就是让自己变得可爱，另一个最好的办法就是让听众知道你和他们的想法有多相像（一条很有影响力的规律说：我们会喜欢和我们相像的人[1]）。

那就是为什么罗伯特·盖茨在日本上智大学（Sophia University）演讲时以这么一句话开头："作为一位历史学家和一位前大学校长，能在这个文化教育中心和你们一起交流我感到很满足。"他没有宣称——尽管听众都清楚得很——他也是当时美国的国防秘书长。

如果你希望他们喜欢你，你就必须喜欢他们吗？如果你真这么做了，那会给你带来不可估量的帮助，但是这并不是必要的。然而，如果你真的不喜欢他们而且把对他们的厌恶感都表现了出来，那你最好还是别和他们说话。他们会察觉出你的厌恶情绪并对你报以相同的厌恶。至少，即使你不喜欢和他们在一起，你也必须在为他们利益着想的前提下去关心他们。

爱说

如何接触

为了能与你的听众接触，你可以尝试以下的方法。

了解听众的需求。你不会聊一个你不了解的话题，是吗？所以别跟你不认识的听众说话。你对他们越了解，你的准备工作就做得越好。至少要知道有多少人愿意参加你的演讲，他们对你的话题有何了解、有何感想。

在会场上走动交流。早点儿到演讲现场，查看一下会场房

① 该原理详见美国著名影响力研究权威罗伯特·西奥迪尼的《影响力（经典版）》（万卷出版公司，2010）——编者注

间的具体安排，查看麦克风、电脑、投影仪是否完好（如果你需要使用的话）。当人们到来的时候跟他们交谈，亲自去了解他们中的一些人，这会让你更加自信，这就开始为你和听众之间建立了一座桥梁。

谈论他们所关心的。不要谈论你们的专业，而是要用你们的专业知识（你们对所交流的主题的认知）来向听众展示他们可以解决一个问题或者取得一个对他们而言非常重要的目标。谈论他们所关心的，那么，他们也会关心你所谈论的。

眼神交流。至少在西方文化里，眼神交流能够建立彼此间的信任。每次交流都看着一个人的眼睛，跟那个人交谈 5~7 秒，然后继续跟房间内的其他人进行眼神交流。

把演讲当做是与人交谈。有些人一想到演讲就会害怕不已，这使得他们在说话的时候显得很不自然。因此你可以将演讲想象成一个与听众交谈的过程——仅仅是想象而已。只需要和平常一样讲话，只不过要花更多的时间准备，投入更多的精力。使用人称代名词（我、你和我们）和缩写式（我是、你是和我们会）。

当你为与听众接触而努力时，你就会以自己的方式在你和听众之间建立起一种信任的关系。如果你那样做了，听众会更有可能认真听你演讲并且愿意和你配合。

26 写、读、说，一个都不能少

如今的听众都希望听以交谈方式进行的演讲。然而，当你认真听身边人对话时，你会发现，他们东扯西扯、磕磕绊绊、结结巴巴，甚至还经常停下来。他们时常在话题说到一半的时候就改变话题，因此并没有通过谈话取得一个结论性的成果。他们的聊天里有很多都是废话并且含有很多无意义的字和词，比如“嗯、额、啊”和“你知道”。

所以，你真正需要的是去模仿戏剧中和电影里那些聪明、思维有深度、说话流畅且风趣的人之间的对话，而不是效仿平常人的对话。简而言之，就是你要让你的演讲听起来就像剧本里的谈话。

你不应该一个字一个字地来读一场演讲，但是你可以将任何一场演讲用笔记录下来，这样有助于提高你的演讲水平。

虽然你可能不会总是有时间或者有意愿去将每一次演讲都写下来，但你应该尽量将以下三种类型的演讲写下来：

- **政策演讲。**这是一种一次性演讲，通常用来发布一个新的大型发展项目、发展方向，大型企业的合并或收购以及其他一些政策改革等。如果这种演讲有可能被媒体报道引用，你就应该把它写下来。
- **政治演讲。**你至少需要一个政治演讲（最好有三个），它可以用来反复说给不同的听众。政治家在自己的州或国家里做巡回演讲时都是那样做的，只是他们会令自己的整个理论根据演讲地的不同地方色彩化。这种演讲的思路就是先写好一个适当的演讲稿，然后根据不同的听众进行适当的修改。例如，如果你要访问公司的不同部门或者各个子公司，为所有员工传达一个核心思想，那么你就需要将你的那份政治演讲根据不同的群体进行适当的修改。再比如为了宣传事业或推进某项议程的需要，你时常要向专业协会或者市民团体讲话，那么你同样应该设计一个可以反复使用的演讲稿。
- **分水岭式的演讲。**这种演讲只要你做一次，但是它需要承载很多东西。你需要一鸣惊人：因为你要在国会面对所有的同僚做演讲，或者你要面对决策者或其他领导做演讲，而他们都希望你能开辟一条新的道路。

现在，你也许会认为，对一个演讲主题了解得越多，就越不需要为它写令人烦恼的演讲稿了。但事实却恰恰相反：**对演讲主题越熟悉，你就越应该将演讲稿写出来。**因为如果知道得太多，你就需要避免发生混乱。虽然你头脑里有很多有趣的东西，但是对听众而言它们并不都是至关重要的。

“一个人所具有的知识越是杂乱无章，”19世纪的哲学家和社会科学家斯宾塞曾经这样写道，“其思维就会越混乱。”把你要演讲的话写出来将帮你降低“思维的混乱”。

要把一个伟大的构思表达得清楚、令人信服是需要技巧的。而这就是将演讲稿写出来的最大好处，例如，它能在以下方面为你提供帮助：

- **让你的思路变得清晰。**把要说的话写出来会使你思路清晰、有逻辑性而且表达准确。决定你是成功还是失败的通常都是细节——而不是全局。写演讲稿迫使你去处理细节，考虑如何才能将他们放在一起或者分开。
- **突出重点。**你的大部分演讲都是——或者应该是——简短且犀利深刻的。但比较矛盾的事实是，越短的演讲反而需要越多的努力。你没有过多的时间去闲聊、离题，或者说太多的问题。如果说5分钟，那你能说大约600~750个字，那并不多。所以你需要直截了当地切入问题的核心，而写下演讲稿会迫使你做到这一点。
- **使各部分的内容更加紧凑。**至少在结构上，大部分演讲最弱的部分都是过渡部分。如果你只是简单地列出论点和论据，那你就得确保各个要点之间有一个清晰、合乎逻辑的连接。但是也许那个连接并没有你想象的那般清楚，或者它只是在你的脑海里清楚——因为你已经花了许多时间去为它构思。写演讲稿会迫使你清楚地知道如何从一个要点过渡到另一个要点。

- **为你提供排练的机会。**写演讲稿能确保你知道自己要说什么。写的过程中，你得思考主要观点、它的逻辑性以及支持它的论据和可能有争议的地方。你得排除混乱的话题、题外话和没什么意义的词句。完成这些工作你就可以继续往下了。
- **提供安全感。**当已经写好的演讲稿在你面前或者身旁放好时，你就不会担心语塞了。在继续演讲之前你可以看着眼前的手稿，在最差的情况下，你也至少可以照着稿子念。

所以，如果将演讲稿写出来有那么多好处，你为什么不写呢？

当然，当你开始在纸上（或者电脑上）写演讲稿时，你必须先做研究。你要找出尽可能多的与事件、听众和主题相关的信息。更重要的是，你要清楚你的目的：你要达到什么样的效果？在听众听完你的演讲后，你要让他们知道什么、感受到什么或者做什么？

然后你要根据一系列的自问开始创造你的高见。主题是什么呢？作为一次演讲，它的影响力是否够大？它是否有足够的力量去（正面的）改变听众的生活？

下一步，写一个大纲。你可以用数字列提纲，别怕麻烦。先简单地写出你的主要观点（最好有三个），再加上一个介绍和一个结论，然后在每个主要观点的下面加上一些点睛之句。回答以下几个问题：什么？怎样？为什么？

接着，一字一句地写你的演讲稿。你没必要将演讲从头写到尾，许多人都是先写文章的主体——那三个主要观点——然后才回去写简介，最后才写结论。你可以边写边大声地念出来。记住，你是写给别人听，而不是写给别人看。

爱说

写手稿

写手稿时，你可以学习广播、电视播报员。学习他们使用的方法和形式，这种方式方法可以让你的稿子避免生硬死板。即使你不准备一字一句地去念手稿，使用这种形式也能够在两个方面对你有所帮助。

首先，这样做能够教你如何为听众的耳朵写稿子，而不是为观众的眼睛写稿子。第二，当你在排练时一遍又一遍地将它读出来时，你可以很容易地记住它们。

试试这些办法：

把页面设置为最大程度的可读性。使用无衬线字体，比如新时代罗马字体（Times New Roman）、加拉蒙字体（Garamond）或者巴拉地诺字体（Palatino），大小为 16 或者 18。别全部都用大写，只保留所有为着重词汇而使用的大写字母。把行间距设置成 1.5 或者 2.0，页面左右两边的空白设为半英寸，每 4 英寸设置一个制表位符。

为每一页标上页码。没有装订的纸张总是会变得没有秩序，你也不会希望让自己在听众面前翻找想要的那页手稿吧？

每一行只写一句短语。将下一条短语另起一行，首字缩进，并且一直这么做直到完成句子。如果句子大部分都大于 5 行，也就是说，它们都长于 5 个短句，那么你就不是在写演讲稿了。尽量让你的句子短一些，并且要让各个句子长短不一。

别把一个句子横跨两页放置。

在每两个要点之间空两格。不要像写文章那样以段落的方式构造篇幅，演讲是由观点、图片和故事组成的。

在页边空白处或者文本上做有助于演讲的笔记。标上双斜杠（//）提醒自己要停顿。在适当的时候和适当的地方标上“呼吸”、“微笑”、“眼神交流”或者“慢点”等。

我们来看看《葛底斯堡演讲词》是如何进行开场白的：

八十七年以前
　　我们的祖先在这大陆上建立了
　　　　一个国家
　　　　　　它孕育于自由
　　　　　　　　并且献身给一种理念
　　　　　　　　　　即所有人都是生来平等的。

写完后，请把它一遍一遍地大声念出来。我建议你念的时候

站起来并四处走动（这能更逼真地模拟演讲现场，并且因为某种缘故，这样做有助于你进行记忆）。这样做并不是在试着将要讲的话完全背下来，但是你肯定希望能将它们牢记在心。记住开头的一些句子和最后的几句，或者其他一些简短的信息——图片或写得特别好的短句——它们应该更容易让你背下来。

现在返回去准备另一个你可以带上讲台的提纲。让它尽量短一些，最好别超过一页，字尽量大些。在每一个要点里摘抄下一些字，这些字要能够唤起你的记忆。别将整句话都摘抄出来。然后按照提纲讲。

一旦写好了演讲稿，演讲就会变得容易多了。

27 掌控演讲中的问答环节

许多演讲者都害怕面对听众提出的一些专业性问题，因为他们担心自己回答不上来。毫无疑问，如果帮听众准备要问的问题，并且那些问题都是他们希望被问到的，那演讲的自由问答部分就会变得容易得多，演讲者也不会太紧张了。但是对于一个领导来说，这么做是错误的，因为大部分政治家都发现他们设置的问题会被人当场质疑，并且会被认为是一些无关痛痒的问题。

事实上，让听众问问题是激发他们兴趣的最好方式，也是对他们的经验和见解的尊重，可以避免让你的演讲变成来自单方面的认识，并且它还会让你时刻保持警惕。如果你不能应付听众提出的问题，听众就会想——这种想法也许是对的、也许是错的或者大部分是对的——你缺乏一个领导者所应有的可信度或者缺乏传授知识的精确的严密。

问与答也是把你的意思讲清楚的最好方法之一。你应该总是把自由问答作为演讲的一个环节。一场演讲如果没有简介和结论就算不上是一场演讲。对于大部分演讲而言，没有自由问答环节就不是一场演讲。当然，有时候有的演讲并不适合听众提问题。例如，如果你只有5分钟的说话时间，那你就只能站起来，提出你的观点，然后坐下，这样的演讲就是不需要问答环节。但是像以激励人为目的那样的演讲，当你在激起人们的希望和梦想之后，你要做的事情就是去鼓励他们来问你问题，这是一个理性而非感性的过程。当然，你应该不会在做颂词的时候接受别人的问题。

过去如果有很多听众来问我问题，我会觉得我的演讲做得很糟糕。我想，如果演讲能把话题的方方面面都讲到，就没人会来向我刨根问底了。我希望听众安安静静地坐在那儿，为我的见解深刻、内容广泛的演讲所折服。现在我的感觉相反了：被问得越少，我就越对自己的演讲不满。

那是因为**一个好的演讲能够让人们去深思，能够提出问题。**或者确切地说，一个好的演讲能提出好的问题（如果听众问的问题有很多都是无知的或者是离题的，那通常是因为你使他们误解了）。

你可以在演讲期间的任何时候接受提问，或者在演讲快要结束时接受提问——那样会比较正式。但是你必须为它做好准备，就像为演讲的其他部分所做的一样。列出所有你想要被问到的和你可能被问到的问题，然后为每一个问题做准备。为最难回答、最有争议的问题写出你的答案，并且将它牢记在心。

当你在想会被问到什么问题时，有一个最重要的问题必须自问一下：我最怕被问到的致命难题是什么？如果听众有权问你没有准备过的问题，那你就只能选择不允许听众提任何问题了。当然，那样做肯定是不行的。

然而，存在这样一条规则：**绝不要以问答方式来结束演讲**。你可以在演讲快要结束的时候回答问题，但是在打算结束演讲的时候，在回答完最后一个问题时，你要对演讲进行总结。这是因为如果在结束演讲后再回答问题，你会得到一些好问题和一些不那么好的问题。开始时被问到的往往是些好问题，随着不断地回答，你有可能会得到越来越难的问题，并且最后一个通常是最难的一个。如果你只是简单地应付它，然后说“好的，谢谢你的问题”并坐了下来，那你的演讲就完成得很不好。你肯定希望令演讲在最有说服力、最令人难忘的时刻结束。所以最好用我称之为“软关闭”的方式结束你的演讲。

概括你的主要观点并强调为什么你的听众做某事或者相信某事是很重要的。然后，要求听众问问题，回答问题。在最后留给自己 30~45 秒来说出你的“硬关闭”，这是你已经认真写好并记下来的话，它富有活力、能唤起人们的感情，让人们在离开时充满力量。

如果你用正确的方式处理问与答，那么这个环节不仅能够用于加强、澄清和补充中心论点，还能让听众参与其中。认真准备会让它变得不一样。

当规划你的问与答时，还有一些要点需要考虑：

- **在开始时先设定规则。**让听众知道你会在什么时候、怎样回答问题。除非你正在为一大群听众做正式演讲然后等着受人异议，否则你就要准备好在演讲的过程中随时回答问题，而不仅仅是在演讲的最后。也许你会希望将问与答的环节保留到演讲的某个特殊时刻，无论你做什么样的决定，请务必让听众知道。

正确地回答问题。耐心地把问题听完。要理解问题的意思——问题基本事实和它背后的意图，推想出提问者真正的意图。如果必要的话，将问题复述一遍，好让在场的每一个人都听到。在不使提问者尴尬的情况下，及时纠正任何明显的错误或误解。另外，要给所有的听众留有提问的机会。

巧妙地回答问题。开始只是和提问者说话。然后，转而跟所有的听众说，这样就不会陷入一对一的对话之中。要尊重提问者，避免讽刺、批评或者自大，还要保持你的幽默感。在不会太唐突的情况下，应该尽可能直接地回答问题，但是别怕说“我不知道”。你可以在知道答案情况后，再主动回头去回答那个人。

保持局面可控。将答案很长的问题推到后面回答。如果可能的话，先给一个简短的回答，并承认还有更多解释需要说，承诺稍后将会详细地予以讨论。你也可以这么说：“在这种情况下你们会怎么做呢”，把问题踢回给听众。坦承某些问题会让你离话题太远，但是可以同意在演讲完之后跟那人讨论（如果可能的话）。保持局面可控，考虑一下什么时候跳过问题，然后继续。

爱说

有问题的提问

迟早会有人来（有意或无意地）干扰你的演讲,证明你是错的，或者声称他们观点的重要性（他们认为自己更加专长于此）。控制局面是你的职责，但不是作为一个发号司令的人，而是作为整个群体的服务者。这里介绍几种有问题的提问的原型和应对它们的方法:

吹毛求疵者会诡辩事实和细节，对你演讲中的几个观点提出异议。如果可以的话，简要地回答他们的问题，然后重新把注意力集中在你的演讲全局上。如果你对这个事情很有把握，那就坚持它们。如果你不太确认，那就承认当中存在异议的可能性，别跟他们进行争论。你也可以说:“我不太确定精确的数字。如果以后有机会再见，就把名片给我，我回头再给你回答这个问题。但是我可以说由你这个的问题提出来的更大的问题是……”

老唱反调的人会争论所有你说的内容。因为他们不能被满足,也不想被满足。你的职责是去解决演讲里每一个有异议的地方，而不是去说服所有人。避免说粗话或者表现出明显的愤怒。你可以试试这么说:“恐怕我们没有过多的时间去详尽地讨论你所提出的那些正当的问题了。如果以后你再看到我，我会为它们给出更详尽的说明的。现在我要花更多的时间解答你所提出的更为重要的问题……”

啰嗦的发言者一旦开始发言他们就不会让周围的人有提问的机会。你应对他们的方法应当是，在不会显得太粗鲁的情况下，要回你对局面的控制权。因为他们很少会自己完全停止，所以你可以在他们讲到一半的时候就将他们打断，接过他们的话，并将话题带回到你的主题上来。

"我比你知道得更多"专家会引用你不可能知道的晦涩的事实、史料或者统计等。避免同这类人争论"谁更聪明"。要敢于承认你不知道他们在说什么。让他们把说的话概括得简要些，并让他们解释这些话跟当前的问题有什么关系（它通常没什么关系）。

篡权者想喧宾夺主。别让他们得逞。如果他们在没被人打断之前不愿意让你继续的话，你可以通过说"这个人好像想要改变演讲的话题，我想征求大家的意见，你们是想听完他的讲话？还是想要让我继续？"寻求听众的帮助，听众必然会支持你。如果那个篡权者继续阻扰你，你就对他说："我很抱歉，但是我不得不要求你要么保持安静，要么离开。"

这里有两种鼓励听众提问的方式。第一种，问听众时用"你们有什么问题"代替"谁有什么问题吗"（这种提问反而会让听众得以脱身）。这让人们知道，你相信他们是有问题要问的，并且你想听到那些问题。第二种，如果人们不太愿意提问，你可以使用以下技巧来让他们提问。如果人们只是坐在那儿不提问，但你知道他们是有问题的，那么你可以说，"有个我经常被问到的问题……"接着陈述一个问题，当做有人正在问这个问题，然后回

答它。这里有个技巧：在你回答完后，紧接着你就问“谁还有问题？”这样不愿意提第一个问题的人就会毫不犹豫地提第二个问题了。

别畏惧被提问。问题能让你有机会加强演讲的中心论点，而且它们也可以使你产生新的见解。事实上，那些认为自己知道所有问题答案的人并没有被提问过所有的问题。

28 灵活应对突发事件

如果你有足够多的演讲经验，那你肯定会有不少心酸时刻。或许是麦克风坏了，或许是火警响起了，或许是某个观众发病了，又或许是你已经完全忘记你要说什么了。

根据“墨菲定律”[①]，一、任何事都没有表面看起来那么简单；二、所有事都会比你预计的时间要长；三、会出错的事总会出错；四、如果你担心某种情况发生，那么它就更有可能发生。有些事情就是会变糟糕，可能是小故障（机械故障），也可能是大失误（演讲者失误）或者是灾祸（突发事件）。但是无论是哪种情况，如何处理这些危机，都将决定你的演讲是“当场死亡”还是“死灰复燃”。

好消息是，没有哪个问题一定是致命的。事实上，你能够利用一些不顺利的事情来提升你的演讲层次。

---

① 墨菲定律的原话是这样说的：如果做某件事有两种或两种以上的选择，其中一种将导致灾难，则必定有人会做出这种选择。（If there are two or more ways to do something, and one of those ways can result in a catastrophe, then someone will do it.）墨菲是美国爱德华兹空军基地的上尉工程师。——作者注

但首先你必须明白，当你做了我建议的其他事情并且与听众之间建立了一个联系时，他们就会成为你的搭档，他们会希望你能成功。当你感觉到听众的支持——当你感觉到他们是站在你这一边的时候——你就能更放松、自信，并且可以享受跟他们接触的机会。如果心安了，一开始就犯错的可能性就会更小，而且即使糟糕的事情真的发生了，你也可以向听众寻求帮助。

如果事情真的出错了——不论是由你自己造成的还是由不可控的因素造成的——你的第一道防线就是做好准备，就像“男童子军”或“女童子军”一样。

例如，假如在演讲时没有了思路或者忘记已经讲到什么地方了，别沮丧，即使是很有经验的专家也有可能碰到这些问题，因此没必要让它妨碍你的演讲。可以试试以下这些技巧：

- **审查你的笔记。**将笔记放在——至少有一个大纲——容易够得着的地方。不要特别提醒自己身在何处，只是拿起笔记，看着它们，然后开始演讲。如果附近准备了一杯水，那就喝一口。你精心准备的演讲会给听众留下深刻的印象。
- **后退。**大脑一片空白的现象通常会出现在两个要点之间。例如，你刚讲完第二点，却怎么也想不起来第三点了。这时不要紧张，你只要总结一下前面的内容。如果有必要，你可以重复一遍第二点内容。这么做通常会让你暂时的记忆缺失状况得到遏制，从而想起下一个要点来。

- **请听众帮忙。**你可以说“我对自己刚才所说的陷得太深了，都忘了讲到哪了。我讲到哪了？”有些人可能会同情地笑话你，那就和他们一起笑好了。此时，如果你给听众重温一下所介绍内容的概要，或许有听众就能——依靠这些概要——知道你接下来要讲的内容，然后大声地告诉你。让听众这样参与你的演讲是一件好事，并不是一件坏事。因为它使你和听众的联系加强了。

  要是你老这么健忘的话，那我建议你首先看看演讲是如何组织的。也许你想在一场演讲中表达太多的观点，或者你将演讲弄得过于复杂了，又或者你的每一个主要观点之间缺乏很好的逻辑性。

本来在演讲过程中忘记讲到哪儿已经够令人不安的了，而真正可怕的是心理防线的彻底崩溃。假如你大脑处于完全空白的状态，不仅忘了接下来该说些什么，而且还不知道该如何去组织一句连贯的句子，那么即使是这样，你也不是唯一一个经历过此类情况的人。为了避免事态恶化，以下是一些在这种情况下你可以采取的行动：

- **深呼吸。**也许有时候你会没有意识到自己已经停止了呼吸（这是可能发生的）。你的大脑因为暂时性的缺氧而停止工做了。因此，呼吸，再呼吸。

- **说话，说话！** 用越长的沉默时间来想怎样克服眼前的危机，你就会变得越发的焦虑——听众也是如此。不要绞尽脑汁想如何组织措辞，只要张开嘴巴说话就好，一旦你再次说话，你就会想起刚才掉链子的地方了。
- **走动。** 不要傻傻地站在那儿不知所措，做一些肢体运动。随便朝一个方向迈出一步、做一些手势、喝一口水、动动你的身体，那么你的思想也会重新开始活跃起来的。
- **审视你的态度。** 完美主义比其他任何态度都更具破坏性。因此忘掉你所谓的无瑕疵演讲信仰吧！应当取而代之的是，集中注意力为听众服务，并且尽你所能完成演讲目标。

一些小配件的本质就是使事情乱了套，特别是一些复杂的发明，像无线麦克风、投影仪以及电脑。在最混乱的时候以及最紧张的情形下，它们总是一成不变地把事情弄乱。

你可能会被这些机械故障弄得很愤怒、很被动，然而，你确实不应该感到吃惊。相反地，你应该有个计划。对于初次演讲的人来说，应该提前检查，确保这些设备完好。然后：

- **应该有一个备用的设备。** 如果第一个坏了，携带另外一个麦克风、电脑或者投影仪到场会令你看起来很像个天才演讲家。另外一种想法是：制作许多的演讲稿复印件，在需要的时候当做提纲发给听众。

- **关注听众和你所说的内容而不是关注存在的问题。**在解决问题的时候，你要让听众也参与进去。要是你不能很快地解决问题，那么尽你的最大努力继续你的演讲，而不要光站在那里哀叹。
- **善用幽默。**善意的笑声能够使人放松。嘲笑你自己或者科技产品，但不要嘲笑负责这件事的人。“电视机侮辱你们的智商，而电脑却使你觉得自己完全像个白痴。”一位演讲者讽刺道。另外一位演讲者发现自己的印刷品顺序被摆错了，开玩笑道：“我正想着发表完美神话般的演讲……”
- **继续。**听众会希望你把这件事情看开一点儿。如果问题继续存在，并且成为大家分心的一个焦点，那么你需要改变或者大大削减演讲内容。

一些紧急情况——比如，停电、火警、地震或者其他一些危机——虽然不是经常发生，一旦发生却是一场很大的考验。因为听众会期望你的引导，所以你应该知道要怎么做。

在大型会议上，明智的做法是在演讲开始前让会议筹划者或主持人——而不是主讲人员——将紧急出口的位置作为一般性的房屋管理通知告诉听众。最起码，你应该知道紧急出口在哪儿，以及万一房间里的人必须撤离时应该怎么做。

如果危机很容易被排除（例如，一个假的火警），在重新开始之前你应当尽可能说一个笑话。例如：“我正说着就被如此粗鲁地

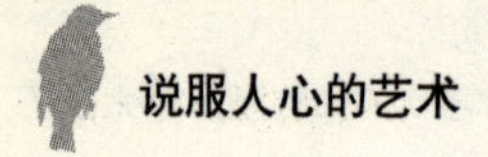

打断了……”

曾经有一位男士正对着一大群佛罗里达州听众演讲，突然停电了。他等到人们的眼睛适应了黑暗（出口标志灯提供了一些光线），用一种很平静的语调说：“要是你们不需要看着我来听我的演讲的话，那我就接着说了。”几分钟后，他正谈到某个任务正在寻找“上帝的指示”时，灯又亮了。听众们欢呼雀跃，就好像是他安排了整件事情一样。他获得了非常好的评价。

如果听众中的某个人发生了什么事情，请照顾好那个人。有一次，一个妇女在会议中晕倒在座位上，演讲人员马上询问是否有人能够帮忙，其中一位医生和一位护士立马冲上前来。当救护车赶来接走这位生病的女士的时候，他让听众休息，喝杯咖啡。等大家重新聚齐了以后，演讲者通报了一下这位妇女的最新状况，然后他说：“要是你们觉得很不安而不想继续听了，我完全理解。然而要是你们同意的话，我会继续的。”多么完美啊！

如果没有办法避开每一件不幸的小事，你可以预先考虑可能出现的许多情况。

演讲，就像生活，并不是每一件事情都在掌控之中，但是你可以用积极的态度来应对这些挑战。

29 幽默，来一个

你听说过曾经有位演讲人员总是用个笑话开始吗？他确实太厉害了！

因此，如果沿用那些曾经作为给演讲人员的最古老、最愚蠢的建议，在大部分情况下，你会“总是以笑话开始”吗？

没有人应该用一个笑话作为演讲的开始，除非是一位专业的喜剧演员发表幽默演讲。事实上，幽默有益于大部分的演讲，但并非所有，而笑话则是另外一回事了。

听众需要一定的时间才能与你熟稔起来。即便是杰伊·莱诺（Jay Leno）[①]和大卫·莱特曼（David Letterman）[②]也要事先通过——在镜头之外——一些准备活动才能让听众的心情快活起来。如果一流的专业喜剧演员都需要这段时间的话，那我们这些普通人又拿什么去获得这种资格呢？要让听众一开始就对你的笑话大笑不

① 美国知名的谈话性节目“今夜”（*Tonight Show*）的主持人。——作者注
② 美国脱口秀主持人、喜剧演员、电视节目制作人。——作者注

已的概率是比较小的。要是他们坐在那儿一声不吭、面无表情或者——更糟糕的是——他们在抱怨，你也许就再也没有机会翻身了。

在说笑话时，我们总是想让听众大笑起来。然而，其实演讲时可以让听众微笑或者也许是吃吃地笑就可以了。例如，比尔·盖茨,他年轻时上到大三就辍学了。在接受哈佛大学荣誉学位的时候，他没有以笑话开始演讲，而是用一系列消遣的、自我贬抑的评论开始：

- 有一句话我等了30年，现在终于可以说了：老爸，我总是跟你说，我会回来拿到我的学位的。
- 我要感谢哈佛大学在这个时候给我这个荣誉。明年，我就要换工作了（指从微软公司退休）……我终于可以在简历上写我有一个本科学位了，这真是不错啊！
- 我为今天在座的各位同学感到高兴。哈佛的校报称我是“哈佛大学历史上最成功的辍学生”。我想这大概使我有资格代表我这一类学生发言……在所有的失败者里，我做得最好。
- 但是，我还要提醒大家，我使得斯蒂夫·巴莫（Steve Ballmer）[①] 也从哈佛商学院退学了。因此，我是个有着恶劣影响力的人。这就是为什么我被邀请来在你们的毕

① 微软总经理。——作者注

> 业典礼上演讲的原因。如果我在你们的入学欢迎仪式上演讲，那么能够坚持到今天在这里毕业的人也许会少得多吧！
>
> 拉德克里夫（Radcliffe）是个过日子的好地方。那里的女生比男生多，而且大多数男生都是理工科的。这种状况为我创造了最好的机会——如果你们明白我的意思。可惜的是，我正是在这里学到了人生中悲伤的一课：机会大，并不等于你就会成功。

比尔·盖茨的评论并不是能够令人哄堂大笑的那种，但是它却可以令人们吃吃地笑，并且使盖茨——世界上最富有的人之一——看起来就像是听众中的一员（用了5句自我挖苦的笑话来作为开始，是有点多了。盖茨可以这么做，因为他是如此成功。我们这些凡人最好讲1~2句这样的评论就可以了）。可以打赌，以他这种呆笨的演讲方式，如果讲个笑话，盖茨肯定会发慌的。

幽默在演讲里可以起多方面的作用。**作为一种社交润滑剂，幽默在你和听众之间建立了一种温暖而和谐的关系，从而降低了人们对你个人以及你所持观点的抵触情绪。**“幽默是亲切的，并且表示了尊重，”佩姬·努南写道，“幽默让听众感到你很重视他们，并且希望能够让他们感到快乐。”

幽默令听众放松，这一点在听众认为你的演讲主题极具挑战性或者令人不舒服的时候尤为重要。美国卡内基梅隆大学（Carnegie Mellon University）的计算机科学教授兰迪·鲍什（Randy

Pausch）受邀在学校发表“最后的演讲”，彼时，每个人都知道他已经被确诊为胰腺癌晚期。他不希望听众感到难过或者觉得他可怜，因此，演讲一开始他就说：“这个演讲系列通常被叫做‘最后的演讲’，如果在临死之前你有机会做最后一次演讲，你会怎样呢？”他停顿了一下，然后拍了一下双手说：“妈的，我最终站在了这个讲台上。”听众笑了起来，他的绅士幽默让听众摆脱了那种恐慌或者尴尬的感觉。

幽默也会让你的观点更加令人记忆深刻，并且或许它能够减轻批评家对你的攻击。“一年以前我的支持率是30%，我提名的最高法院候选人资格被撤销了，我的副总统枪杀了某个人，”美国总统乔治.W.布什在2007年——正值他的民意支持率直线下降之际，于轻松愉快的广播和电视记者协会晚宴上说道，“啊，这些愉快的日子！”

要想在演讲中讲适宜的幽默笑话，最简单的方式就是拿你自己开涮——像盖茨和布什那样，或者分享其他一些个人经验。嘲笑你自己、你的缺点、错误，这样很容易让听众和你一起偷笑。因此说一些发生在你或你家人、单位上的趣事吧！但是要确保这些幽默在演讲中能够说明某个问题。

爱说

如何使用幽默

不需要费多大心机，你就将轻松营造出活泼愉快的氛围：

做你自己。你可以向自己喜欢的喜剧演员学习，但是不要模仿他们，而是要磨练出自己的幽默品牌。相信自己的直觉：如果对一段话或一个故事你自己都不觉得有趣，那就不要引用它了。

演练。如果想把幽默发挥得淋漓尽致、让人听起来很自然，那你就需要用心练习。因此我建议你在自己的密友面前测试一下准备的素材。

保证其没有敌意。避免让听众有尴尬、被侮辱或被冒犯的感觉。你想要的是和朋友一起开怀大笑，而不是嘲笑某个人。一旦冒犯了你的听众，你就很难使他回心转意来支持你了。

记录下来。一种惊喜的感觉、一句精明的双关语、一种夸张的表达手法和修饰手法、一个好笑的奇闻轶事、一种讽刺手法——事实上，任何一种幽默——只要添加上精准优雅的文字反复润饰就都会收到更好的效果。如果你有幸说出意料之外有趣的故事或小笑话，那么最好将它记录下来以便以后使用。

不要告诉听众你的故事好笑。当你说出："这真的是个好笑的故事"的时候，已经是个失败的开始了。简单地讲述你的故事或诙谐地表达你的想法，让听众自己去领会。如果他们笑了，那么恭喜你。如果没有笑，那么请继续你的演讲。

不要纯粹为了幽默而幽默。要有目的地利用幽默：用幽默来加强或说明你的主要观点；用幽默来改变你演讲的情感基调；用幽默作为一种转变话题的标志。

讲笑话是否应该在演讲进行过程中，而不是在刚刚开始时呢？

不，当然可以。假如你是一个善于说笑的人——能经常说笑于生活中的点滴，并且人们也经常因此而乐开了怀；或者假如听众期待笑话；又或者，假如某个玩笑很适合当时的听众、场合和主题，并且如果听众并不觉得好笑，你准备有相应的对策，那么你就可以在演讲一开始就讲笑话。

但那需要有那么多的“假如”才可以，所以我对在演讲刚开始或者在演讲的任何其他地方讲笑话的建议是：拿不准时就别尝试。

至于幽默，为了避免犯错，也需要谨慎处理。永远要记住，幽默在娱乐别人的同时也可能冒犯别人。所以要问自己关于“AT&T”的问题：这合适吗？这是否有品味？这是否适时？①

幽默越少越好，即使它们满足上面那些准则。所以要尽量让幽默短一些，避免冗长的故事或者复杂的笑话，并且限制使用幽默的频率。毕竟，即使你能很幽默，你也仍然要尽量严肃些。

① AT&T 分别是 Appropriate，Tasteful，Timely 的第一个字母。——作者注

30 拿出你的气势来

如今的听众已经不再希望看到领导们作威作福或者强迫下属做事了。他们不希望再简单地倾听并执行命令，而是希望被说服着去做事。然而他们同样也不会尊重那种软弱无能或者很渴望获得听众认可的领导。听众只尊重那些说话自信、铿锵有力而不傲慢、大胆但又不轻率的领导。

当然，有很多方法可以展现这种力量。你无意识中所采取的方法与你是什么样的人有很大的关系；与你日常履行领导职责的偏好也有很大的关系；与你的声望也有很大的关系。然而演讲时的身体语言会提高听众对你力量的感知度。这些身体语言包括你的站立、行为和手势、衣着等。

站的方式。你肯定不希望自己看起来好像一阵风就能被吹倒的样子。你应该让人觉得你很坚定、牢固，就像一位能够抵抗暴风雨袭击的人。

因此，要全力以赴，从关注怎样放脚开始，双脚距离与臀围一致。将体重前后左右均匀地分布在两脚上，不要双膝并拢（紧张的时候，双膝并拢会使你的腿抖得更厉害）。收紧盆骨，以避免后下部位露出过大的弧度（想象一下，你正在将一条紧身的裤子拉上拉链）。挺起胸膛，将肩膀往后靠，下巴微微下倾。将头尽量抬高，就好像有人从后面拉你的头发似的。将手放在身体的两侧。

歌剧演唱家采取这种站姿是为了使他们的声音更加有穿透力。舞台演员也是这样站的。即使你不认为自己是一位娱乐界人士，你也可以向他们学习。只有采取有力的站姿，你才会在听众看来像是一位有力量的人。

这种预设好的站姿——你没有挪动或做出任何手势前就做出这种姿势——也许刚开始会让你觉得很不自然。但这并不是因为这种姿势不自然，而是因为你还不习惯。直至有一天你习惯于这样站立了，你会看起来很自然而且很有力量，很快，你就会越来越习惯采用这种姿势了。

移动的方式和手势。有多少个演讲人员就会有多少种移动的方式和手势。但是这里有两条基本方针：首先，做你自己；其次，目的明确。

做你自己。越是关注于交流信息、关注于与听众的联系、关注于完成目标，你就越是在做你自己。表现得越是自然，你就越不需要花费脑筋和精力去考虑如何走动、如何做手势等。

许多演讲教练可能都不会同意我的看法，但是我认为特地去设计你的动作和手势可能反而会带来不好的效果。这些动作会使你看起来像在表演：动作僵硬、不自然。我听说有一些演讲专业教练和老师像军事教官一样斥责演讲者，仅仅是因为演讲者的动作不符合他们的要求。有一位演讲人员被称为“喋喋不休的意大利人”，因为她用手比划过度了。因此在练习演讲时，她被迫将手臂固定在身体两侧。另外一位演讲人员则被要求将口袋封起来，那样他的手就不能放进口袋里。还有其他一些动作很滑稽的演讲者，在训练之下他们并没有改变——至少没有向好的方向改变，只是变得更害怕演讲了。

如果你希望自己的动作、手势更有力量，那放自然一些就可以了。变自然的最佳方法就是自信。

目的明确。不论你做什么，都要有理由。从这里踱到那里、来回摇摆、反复重复相同的手势，所有这些动作如果与你所说的内容无关，那就都是没有意义的，不要去做。

相反的，要将手势和你的话语保持协调，动作也要和演讲内容一致。例如，你可以面对一侧的听众完成一个观点的演讲，然后稍微挪动一下位置，看着另外一部分听众。或者，在讲一个包含两个人对话的故事时，每次作为不同的角色说话，都轻微地挪动身体，面对不同的方向。

要观察你演讲的时候是如何移动的，最简单的方法就是把你的动作录下来，然后以快进的方式观看录像带（我说这样做很简单，但不代表这样做就是令人愉快的，你需要有耐心）。这么做可以让你知道自己习惯性的动作是什么，同时也可以突出你看起来不太自然的手势和动作。

衣着方式。一般的原则是，演讲者要比听众穿得稍微正式一些。这条原则在大多数情况下都是适用的。然而我发现，如果建议你们按照听众的预期来进行穿衣打扮可能会更加有帮助（通常，但不总是，他们希望你会比他们穿得稍微正式一点）。例如，一位建筑公司的老板就没有必要和投资银行家的穿戴保持一致。

如今，要想知道如何穿戴有时还真是一件困难的事情。过去，在商业界你是不会出错的，至少，如果你穿戴职业装的话总是不会错的。对于男士，那只是一套黑西装、一件浅色的衬衫和一条朴素的领带。对于女性朋友来说，职业套装（职业裙装或裤装都可以）配上一双皮鞋（脚趾不露出来的那种）就可以了。但是现在，一切都变样了。如果你是对一群不认识的听众演讲，那么请咨询会议主办方，请他们描述听众的穿戴，要尽量详细。不要接受一般性的描述比如，“随便穿”或者“职业装”。“随便”包括非常多的变数，取决于所在国家、听众的经济状况以及他们的职业。如果心中有些疑虑，那就尽量穿得比你想的正式一些。注意你可以随时脱去一件外套或者当场做出一些调整从而表现得更休闲一些。便装比你想象的要难搭配得多，而且通常它们都比较贵。我曾经和一位顾客合作，他经常要与加州州长阿诺德·施瓦辛格一起参加演讲活动或者和其他州的领导一起出席奠基仪式。绝大多数人，包括这位州长，总是在这类事件中着装很随便。毕竟，他们在这种场合下都要戴上安全帽，手里还要拿个铲子以摆造型。

然而，经过观察几次他参加此类活动的情形，我不得不告诉这位客户他穿着过于朴素了。“可是我和其他人一样，穿着斜纹棉裤和开领衬衣。”他说。“是的，”我赞同道，“但你站在那位身穿量身订做套装的男士边上就显得很落魄了。”去一些高端商场里也许会有助于他找到适合类似场合穿戴的服装。

倘若你经常需要发表演讲，那么，我建议你准备 2~3 套服装专门用于演讲时穿戴：有正式装、休闲装和介于两者之间的着装。不要在这方面节省，选购这些服装的时候一定要有人帮助。这些衣服要保持干净、整洁并且保持随时可以穿的状态。

爱说

应该避免的一些手势

有些手势在你希望表现出力量的时候要避免使用。这些手势实际上会让你显得软弱、不自然或者缺乏自信。

遮羞布状的手势。当两手交叉放在身体的前下部时，你会看起来就像是在遮住私处，这会令你看起来很虚弱、糟糕、害怕。

两手交叉拧搓的手势。将两手交叉，置于肚脐眼高处，然后相互揉搓，这些动作代表紧张和优柔寡断，绝对不会让你看起来很有力量。

祈祷的手势。两手合拢放在胸前会让你看起来像是为了获得怜悯而祈祷，不要这么做。

指指点点的手势。这样会让你看起来像是在骂人而不像是一位领导。同样，不要像比尔·克林顿一样，他通常一直用手指指着听众，直到有人说服他不要这么做为止。但是他还是没有办法完全改掉这个习惯，因此，最后他将食指弯曲起来，改成挥舞指关节了。

挥舞魔棒的手势。如果你手上有一些东西，特别是那种又细又长的，你就会想要挥舞它，就好像它是一个魔棒一样。这就是不用任何一种教鞭的原因，让钢笔远离你的手。

飞机姿势。当将手肘部收紧到身体两侧，将前臂和手伸出，并且从身体上部往两侧移动时，你会看起来好像在飞一样。

没完没了的重复相同的手势。即使是最强的手势如果使用过度也会丧失它的力量。

根据古希腊哲学家的理论，权力并不是征服或者压制别人的力量，而是一种创造或者完成某件值得赞赏的事情的能力。在涉及领导和听众之间关系的时候，这确实是一个真理。

利用你手上的一切资源以展示你的这种力量——创造或者完成某件值得赞赏的事情的能力，那样听众自然会尊重你。

31 PPT只是次要手段

我的一位朋友偶尔偷偷地抽烟。“不要说什么，”她最近警告我说——因为她知道我对她吸烟有看法，“是的，这是一个不好的习惯，而且我知道如果我一直抽的话可能会丢了我的命。可是有时我也是不得已而为之。”

这也是我对使用幻灯片的看法。有那么多的理由要避免使用幻灯片——特别是你希望自己是一位对听众有影响力的领导——但有时你又不得不用它。

让我们快速回顾一下为什么不用幻灯片的理由。

首先，幻灯片最适合用于展示信息，但是并不适用于在希望能影响和鼓舞听众的演讲中运用。在学术界，对幻灯片的使用时有争议。例如，像关于幻灯片的用处，少数人认为幻灯片天生就存在瑕疵，它不能清楚地表达大量的信息。在你第一次直接从一个已经写好的文件里剪切并且粘贴一个表或图到幻灯片里的时候，你就可以发现这个问题：图表变得索然无味。这个问题使展示人员求助于我的 24 小时热线："你也许不能读懂这个图表，但是……"

PPT 不要求你将一些零碎的东西联系或组织起来。你可以播放一张幻灯片，谈论它里面的内容，然后说我第二讨厌听到的话："下一张"。你没必要——大多数的展示人员也不需要——告诉听众你所展示的不同张幻灯片上的信息是如何相互联系的。也许在你的脑海中，对所有信息之间的联系有一个清晰而明确的概念，但是 PPT 不会有这样的一种联系，它只是将信息分成一段一段的。

另一方面，PPT 的支持者则高度认可幻灯片在展示信息时的效率，并且说如果出现项目符号表示不清、图表无法辨读、信息不连贯等情况，那么问题在于演讲者，而不是 PPT 软件本身。支持者还进一步指出，在 PPT 诞生很久以前，听众忍受着令人厌烦的、晦涩的演讲。PPT 只是一个工具，它的效果如何取决于人们如何去使用它。

不论你是站在批评者的一边还是站在赞成者的一边，请注意双方辩论的话题是：PPT 在交流信息时的效果问题。没有一方认为 PPT 可以帮助你塑造听众的想法和感受，或者可以激发听众采取行动。而这正是领导们演讲的主要目的。

领导们不应该使用 PPT 还有另外一个原因：PPT 吸引了人们的注意力。当你在屏幕上展示一些信息的时候，人们会看着它。即便只是一个要点，即便观众能够在 20 秒内读完屏幕上的内容，如果你保持这一张幻灯片两分钟，他们也都会在这段时间里看着屏幕。从头到尾他们都在看，而不会看着你，缺乏自信或者不关心是否会被人看做是领导的人非常喜欢 PPT 的这一点作用——他们不喜欢被听众注视的感觉。然而，作为一位领导，你不会希望自己被抢了风头，你希望人们看着你。

避开使用 PPT 还有一个很实际的理由，那就是 PPT 太浪费时间。确实，你可以制作很精美的幻灯片。艾尔·戈尔在“难以忽视的真相”里用 PPT 进行了展示（事实上，他使用了苹果公司的幻灯片软件，叫做 Keynote[①]）。他的展示来自于专业制作的图片、录像画面、卡通制作以及各种图表。这次展示看起来很完美。要提醒你的是，艾尔·戈尔拥有一支好莱坞的天才制作团队，以及很少有人能够拥有的一大笔任由自己支配的费用。好好想想，你可能要花更多的时间在制作幻灯片上，因此考虑策略或者起草信息的时间就会变得更少了。即使演讲从头到尾都使用幻灯片展示，如今已经视觉疲劳的听众们也可能会感到无聊了。

好的，你也许已经知道使用 PPT 并不是那些希望在演讲中传递权威感的人的最佳选择了。但是，就像我那位吸烟的朋友那样，有时，你还真是不得不用它一下。

那是因为有时你不得不展示一些信息。是的，你应该更加关注于影响和鼓舞听众。但是，有时，即使是一位领导——或者特别是作为一位领导，人们有责任进行信息的交流。有时，主管不得不向董事会解释公司的财务情况；资深研究人员要展示一些技术的最新进展；项目经理不得不为大合同提出一些口头建议；小

① 一个演示幻灯片应用软件，由苹果电脑公司出品，运行于 Mac OS X 操作系统。最早发布于 2003 年 1 月。——作者注

企业主或者个体户不得不做一些销售展示。

同时，有时听众可能只是简单或者固执地要你使用PPT。有些听众，特别是在高科技领域，不用PPT他们就没有办法理解所展示的内容，似乎如果不用笔记本和投影仪展示演讲内容，他们就不会把你的演讲当一回事。可以这么认为，你能够在没有PPT的情况下很好地将信息传达给他们，但是，你不得不违背他们的意愿，而这么做当然是不值得的。

爱说

充分利用幻灯片

如果你遵循以下原则，将设计精良的视觉软件使用得好、使用得恰当，并且只是小范围内地使用，那它就可以令你的演讲更加清楚并且更加令人难以忘怀。

制作便于听众看清的幻灯片。使用视觉软件的关键点，是让观众能够清楚地看到幻灯片里面的内容。然而，让人吃惊的事实是，经常至少会有一部分听众看不清楚。原因往往是图表太小、屏幕距离观众太远，或者内容被其他人的脑袋或是身体的其他部位给挡住了。

让你的演讲内容可视化。图、表、曲线、照片、插图、绘制图、视频节目剪辑诸如此类都是吸引人眼球的东西，它们很容易被理解。字——特别是长句或者是项目符号列表——则完全是另外一回事了，人们不太可能在听的同时还要读。不要让他们在你和幻灯片之间进行选择。

尽量少用幻灯片。没必要将所有的演讲内容都放在屏幕上，也没必要在幻灯片上列出要说的每一点。对演讲没有帮助的幻灯片要尽量删除，比如封面幻灯片和日程安排幻灯片。使用幻灯片的唯一目的是澄清、解释或者证实主要观点。

随时关掉屏幕。从和听众讲话开始演讲，而不是从屏幕上的某一点开始。在放映 PPT 的时候，你只要按 B 键，屏幕就会变黑；而按 W 键时屏幕会变成空白；按任意键屏幕又会恢复。适当的时候，打开一张 PPT 来谈论，结束后将 PPT 变成空白以继续你的演讲。

和听众而不是和幻灯片交流。至少有 80% 的时间应当是在看着听众的，不要背对着听众。

避免使用剪贴图片集。这样做总会让人感觉很笨拙。

不要使用指示笔。如果你要用指示笔，那通常是因为你的幻灯片做得太过复杂或者容易让人疑惑。最好的办法是简化幻灯片。如果你仍然需要指出相关内容，那么请用你的手（此外，一旦你手里拿着指示笔，即使是不用的时候，那也会让你看上去像挥着个棒似的。如果是支激光笔，你还会无意中就去强调屏幕上的每一个字）。

显示幻灯片后，第一时间解释上面的内容。一旦你显示一张 PPT，即使你已经在讲其他内容了，听众也会看着它。不要用一张和你所说内容毫不相干的幻灯片干扰听众的视听。

如果你不得不使用 PPT 时，谨慎地使用并且利用其好的一面。

把它放在适当的位置，不要让它抢了你的风头，并且记住，即使你在展示信息，你——你的身体、服装、打扮、动作、手势、脸部表情以及举止——所有这些才是最重要的视觉教具。

你——而不是幻灯片——才是媒介和信息。其他的任何东西是——也应该是——次要的。

32 摆脱 PPT，演讲更精彩

一位 CFO（Chief Financial Officer）[①] 来找我帮忙审查她即将要向董事会汇报的演讲。该公司的总裁即将退休，而她希望成为未来总裁的候选人，因此，她很关心董事会对她的印象。董事会的成员说他们尊敬她并且认可她的业绩，但是他们不确定她是否是“当总裁的料子”。当问及其中一位董事会成员那句话是什么意思时，他回答道：“我们见你的唯一机会是在工作汇报期间。当然你的演讲令人印象深刻、层次清晰、意思明了并且把我们的所有问题都讲全了。可以诚恳地说，我从来没有像现在这样了解我们公司的财务状况。但是，作为一位总裁，你还需要给人们以远景，并要能够激发人们努力前进。我们只是不知道你是否能够做到这一点。”

她处于两难之中。一方面，董事会希望她汇报公司的财务状况，

① 公司或大型团体中负责财政的人。——作者注

越详细越好，并且要解释隐藏在背后的含义。但是所有这些都是让人感到枯燥无味的。同时，他们又希望她能够描绘蓝图并且创造激情。我们给她制定了一个策略。

因此，在下一次董事会上她带了注册财务分析师，在没有PPT的情况下开始演讲，直接以口头报告的方式向董事会汇报公司的财务状况、公司面临的挑战以及未来发展的可能情况。然后，她让财务分析师开始分析，在分析师使用10张幻灯片来详细展示公司的财务情况时，她稍稍往边上站一些，并与分析师一块儿回答董事会提出的各种问题。然后，她感谢财务分析师所做的工作，并请他坐下。此时她用简短的话语总结了自己对公司未来发展方向的看法。

这次汇报的成效如何还要看她是否能够获得总裁的职位。但不管怎样，她对自己这次的表现满意了很多，我猜想她获得总裁这个职位的概率已经大了很多。

我们为她设计的这个新策略中能够为她带来的是交际专家和政治顾问们所称的“框架”。框架是一种设想、价值和标准的总体系统——一种世界观——给一些特定的元素和事件赋予内涵和目的。她的财务分析师给出了详细的财务状况汇报。财务分析师尽量以一种客观的、就像审计员的方式来解释公司的财务情况——“只是客观事实”，而这位CFO则提供了这样一个框架。她给出对事实以及如何导致这种结果的原因的一种理解方式——她自己的方式。

这个故事所蕴含的意义是，**如果你希望被认为是领导，那么，**

你就不能只是提供事实，还要同时构设框架，善于利用事实得出某个结论。

爱说

摆脱 PPT

你也许不能或者也不希望彻底不用 PPT，但是如果你减少对 PPT 的依赖，那么，你就会增加自己在人们心目中的权威性。如果你不能消除自己对 PPT 的依赖，那么这里有一些办法可供选择。

避免做一些需要用到 PPT 的演讲。从坚定信念开始——人们希望领导有坚定的信念，并能够说服别人——因为使用 PPT 在某些程度上会埋没你。因此，将需要用到 PPT 的演讲机会让给别人吧！

确实要使用 PPT 的时候，减少使用幻灯片的数量。最典型的建议是每张幻灯片花 1~2 分钟的时间来讲。尽量用少一点的幻灯片，每场演讲所使用的幻灯片数量不要超过 8 或 10 张。另外要记住，当你的演讲没有涉及幻灯片上的内容时，请将 PPT 切换成空白状。

使用其他方式进行信息的交流。取决于听众数量的多少、听众的期望值、可用的时间以及会议室空间的大小，也许有比 PPT 好得多的方式可以用于展示信息。使用白色书写板、电子白板或是活页插图等工具可以方便你在演讲的时候画图、列表（如果有

人从听众席里站出来，并在你已经画好的图上再添加一些东西的话，那最好不过了）或发传单。所有这些方式都不会像PPT那样抓人眼球，这才是重点。因为这样你就不用担心自己在演讲的时候还要同所使用的工具抢听众的注意力了。

正像谚语所说的那样，**事实不会为自己说话。**事实需要被收集、整理、评价、分析、理解以及解释。这就是领导所做的工作。对于领导来说，在演讲中展示信息是经常的事儿。区别于领导和其他人的地方就在于，如何利用展示的信息来达到你所要达到的目的。

珍珠港事件后，罗斯福在向国会和全国人民致辞时就列出了大量的信息。例如，他列出了其他被日本偷袭的地方：香港、关岛、菲律宾、威克岛以及中途岛。然而他并不是为了展示信息而展示，他确实不关心人们是否会在第二天就什么也记不起来了，他真正关心的是他所展示的信息的价值、含义，以及它们最终能否号召人们行动起来。1941年，世界其他各国基本都处于战争之中，而大多数美国人都反对卷入这场战争，因为他们认为这些战争与己无关。罗斯福却有着不同的看法，并且他把这种看法整理为一种思潮向美国民众传达。他断言美国人民已经被一个侵略成性的帝国主义国家不公正地袭击了，而且没有任何原因，美国人必须保卫自己的国家，美国人必须加入到这场战争中去。

你也许不是美国总统，也不是什么公司的总裁、主管或是经理人员，然而只要你希望你的演讲能够吸引听众的注意力、影响他们的所思所想，并激励他们行动起来，你就可以学习伟大领导们的演讲方式——提供框架以便于理解，而不是只列举事实。

结语

打破陈规，从现在开始

雄辩家狄摩西尼（Demosthene，公元前384—322年）是古代希腊最伟大的雄辩家之一。有人问他一场伟大的演讲用哪三大要素来验证，他回答道："行动，行动，再行动。"对于今天的领导来说，这个回答应该是："结果，结果，再结果。"

作为一位领导，演讲是为了在听众面前塑造形象，影响他们对重要事情的所思所想，并激励他们行动起来。所有这些现成的规则会帮助你完成一个或更多的目标。

但是，要明白：**规则本身并不重要，重要的是结果。**

演讲更像是一门艺术而不是科学。如同任何一门艺术一样，演讲也有规则、原则以及指南，它们中的大部分是自2 500年以来在现实生活中经过不断实践、学习而发展成今天的样子的。他们包括：

- 知道你要完成什么目标；
- 做好充分的准备；
- 与听众建立和谐统一的关系；

- 吸引听众的情感和智力，激发他们的想象力和价值观；
- 说话简洁而切中要点；
- 明白自己在说什么而且要尽可能地声音洪亮。

演讲时如果不注意这些原则，那就注定要失败。然而规则、原则以及指南也仅此而已，它们既不是在任何情形下都必须遵守的绝对的法律，也不是如果遵守了就一定会保证演讲获得成功的严格定律。

一位杰出的演讲家，就像一位伟大的艺术家一样，有时要打破陈规，即使是非常权威的规则。然而，他们并不是一棍子打死所有的规则，而且他们也明白自己打破了什么规则，以及自己为什么要打破它。

如果你一味摒弃所有的规则，那么你的演讲就会变得乱七八糟、一塌糊涂，甚至根本就称不上是一场演讲。如果是这样，比较明智的做法还是完全放弃演讲，做一些别的事情。比如使用备忘录、一篇表明立场的论文或者一个邮件；又或者是召开一个会议、主持一次会谈、组织一次讲习班、制作一盘录像带、做一场广告宣传、制作一个网页或者开一个博客。所有这些都是交流信息的合法手段——取决于当时的情况以及你预期要取得的目标——它们中的任何一种都是比你发表不成规矩的演讲强得多的选择。

如果你出于无知而放弃一些演讲的规则——特别是重要的规则——那你就会将自己是一位外行或者是一名业余人员的身份暴露无遗，一切可能成功的机会也就会随之毁掉。

唯一一个你几乎不能违背的原则是——当然不是一个绝对的原则—— 明白你要取得什么样的成果。所有其他的原则都只不过是为了帮助你取得这个目标而设。因为所有的规则加起来就意味着一个结果——当然就是你要的那个结果。

2001 年 9 月，在佐治镇大学（Georgetown University）为学生发表演讲的时候，美国前总统比尔·克林顿让自己的思想以及听众的思想涉及了许多的观点。他谈论历史、民主主义、政治、新的世界经济、教育的目的、战争形势的新变化，以及让伊斯兰教回到对话框架里的必要性。

这场演讲历时很长而且内容很多，包括了太多的问题，而且这些内容没有被整合成为一个有意义的主题，它更像是一场自我辩白。然而这是一场成功的演讲，因为它取得了预期的日标，产生了很受欢迎的结果。它给了焦虑不安的学生们一丝希望——而且，从更广泛的意义上来说，是给了一个焦躁不安的国家一点希望——在美国世贸中心和五角大楼遭受恐怖袭击后不到两个月的时间。

最后分析认为：**结果是检验一场演讲成功与否的唯一标准。**例如，一家投资经纪公司的创始人兼总经理请我帮他在演讲的时候建立起更多的自信心。他经常需要同小至中等规模公司的总裁和总经理们以及资金管理经理人会面。他很年轻，在一群比他富有经验和学问的专业人士中间他觉得自己有些胆怯。

我了解到他已经做了些什么，并给了他许多建议。我还告诉他，自信来源于经验的不断积累。然而他总是回到关注紧张的问题上。

"下次你说的时候，"我建议道，"不要关注你有多紧张以及应该如何去克服这种紧张情绪，那就像是在告诉你自己不要去想一头大象一样。相反，要集中精力在如何取得你想要的结果上。"

当我们再次碰面的时候，他认为自己至少已经取得了一定的成功。"我不知道自己是否更自信一些了，我没有关注这一点。但是我知道我取得了想要的结果，这就已经足够好了。"确实是这样。

要想让如今的听众投入到你的演讲当中，你必须言简意赅（20分钟以内），并且要紧紧地围绕一个而且是仅有的一个主题展开演讲。然而，有时遵守甚至是放弃规则取决于你想要的结果。就像克林顿一样，只是想花更多的时间闲聊、分享想法以及思维过程很松散的许多问题，可以放弃一些规则，并非每一场演讲都要听起来像执行简报一样。

为了与听众保持紧密的联系并且避免让你的演讲听起来很平淡，你应该避免读演讲稿，这是另外一条规则。但我认为最能感动人和鼓舞人心的演讲家——帕特里夏·利文斯顿（Patricia Livingston）——他在每一场演讲中都会调整演讲稿，并且逐字逐句地读。

另外一条规则：讲一个故事几乎对任何一种类型的演讲都有增色作用。但不是每一场演讲。与此类似，采取一定的站姿是领导的标志，但不是所有时候都这样。真正的领导除了偶尔在应该用的时候使用 PPT，其余时候都不用。

如果你通过演讲不断取得预期的成果，那么，就我个人认为，你是一位成功的演讲家。也许你没有洪亮的嗓音、英俊潇洒的外表，或者没有和听众轻松交流的方式，但是如果你已经达到了你想要的效果，这些就都不算什么了。

另一方面，如果你不满意听众的反应，那么，你就有必要重新温习一下演讲的基本规则了。

你可以临场发挥或者逐字逐句地读演讲稿，也可以手舞足蹈或者双手握着拳头紧挨着讲台。你可以讲着讲着就忘了说到哪儿了或者忘记非常重要的一点，说话结结巴巴，汗流浃背、笨拙地回答一个简单的问题，也可以比预期讲得时间更长。你可以谈论很多观点，使听众不知所终，也可以害怕看听众的眼睛。是的，你甚至可以使用 PPT。所有这些都是可以宽恕的。

如果当你完成演讲的时候，听众明白、感动并且愿意做你希望他们做的事，那么，一切就都很好。

湛庐文化·出品

Cheers Publishing

一切为了您的阅读体验

我们出版的所有图书都将归于以下两个品牌

找“小红帽”

为了便于读者在浩如烟海的书架陈列中清楚地找到我们，我们在每本图书的书脊上部47mm处，全部用红色标记，称之为——小红帽。同时，“小红帽”上标注“湛庐文化·出品”字样，小红帽下方标注所属图书品牌名称。湛庐文化主力打造两个品牌：**财富汇**，致力于为商界人士提供国内外优秀的经济管理类图书；**心视界**，旨在通过心理学大师、心灵导师的专业指导为读者提供改善生活和心境的通路。

找“湛庐文化”

我们所有出品的图书，在图书封底都有湛庐文化的标志和“湛庐文化 · 出品”的字样。

用轻型纸

您现在正在阅读的这本书所使用的是轻型纸，有白度低、质感好、韧性好、油墨吸收度高等特点，价格比一般的纸更贵。

关注阅读体验

我们目前所使用的字体、字号和行距，是在经过大量调查研究的基础上确定的，符合读者阅读感受。每页设计的字数可以在阅读疲劳周期的低谷到来之前，使读者稍作停顿，减轻读者的阅读疲劳，舒适的阅读感觉油然而生。

所有的一切都为了给您更好的阅读体验，代表着我们“十年磨一剑”的专注精神。我们希望我们能够成为您事业与生活中的伙伴，帮助您成就事业，拥有更为美好的生活。

湛庐文化2008-2009年获奖书目

《牛奶可乐经济学》

国家图书馆"第四届文津奖"十本获奖图书之一，唯一获奖的商业类图书；搜狐、第一财经日报"2008年十本最佳商业图书"。

用经济学的眼光看待生活和工作，体验作为"经济学家"的美妙之处。

《企业的人性面》、《决断》

《商学院》杂志"2008年十本最具商业价值的商业图书"。

《决断》诠释领导者最重要的能力素质的伟大著作！

《企业的人性面》管理思想大师麦格雷戈一生唯一著作50周年纪念版。

希腊三部曲：**《追逐阳光之岛》、《桃金娘森林宝藏》、《众神的花园》**

新闻出版总署"第六次（2009年）向全国青少年推荐百种优秀图书"之一。

"希腊三部曲"仿佛艾丽斯仙境与伊甸园，充满好闻的味道、缤纷的颜色、可口的食物、柔软的触感、奇怪有趣的人物和无尽的爱、学习与玩乐。

《未来是湿的》

央视子午书简、《中国图书商报》"2009年最值得一读的30本好书"；

《第一财经日报》、新浪读书频道、蓝狮子读书会"2009年最佳商业图书"；

《21世纪商业评论》"2009年度最受商业领袖关注的书籍"。

2009年不可不读的一本书，体会互联网下无组织的组织力量。

《30而励》

蓝狮子读书会、新浪读书频道、《第一财经日报》"2009年最佳商业图书"。

央视风暴主播芮成钢带你了解中国与世界！

《在萧条中飞跃的大智慧》

《21世纪商业评论》"2009年度最受商业领袖关注的书籍"。

日本"经营之圣"稻盛和夫谈危机下企业的生存之道。

《查理·芒格传》、《伯恩斯坦金融三部曲》

《第一财经日报》"2009年度十大金融书籍"。

《查理·芒格传》国内唯一芒格本人及巴菲特授权的中文传记。

《伯恩斯坦金融三部曲》美国著名金融史学家彼得·伯恩斯坦金融经典精彩呈现。

延伸阅读

《演讲圣经》

◎ 三位演讲大师联袂奉献！

◎ 演讲技巧的全面诠释和演绎

◎ 学习演讲，有这一本就够了！

《说话就是影响力》

◎《财富》500 强公司首席执行官的必读书

◎ 领导者通向成功的蓝图　领导力大师沃伦·本尼斯鼎力推荐

◎ 摩托罗拉、星巴克、卡夫、施乐等众多国际知名公司的领导力指南

《演讲红宝书》

◎“AIDA 之父”戈德曼经典力作第 5 版

◎ 24 个开场白、15 种结束语、化解卡壳的 12 个技巧

◎ 消除怯场心理的 10 种方法

◎ 演讲新手要读的第一本书

《拉里·金沟通现场》

◎ 来自美国家喻户晓的人物，擅长说话的拉里·金的力作

◎ 语言艺术大师将自己与名人谈话的秘诀倾囊相授

◎ 简单明了的技巧，让你不再视讲坛为畏途

《哈佛经典谈判术》

◎ 美国最著名的谈判学、心理学大师的经典之作

◎ 美国企业界、商学院最受欢迎的谈判课程

◎ 长踞亚马逊谈判类图书销量排行榜前列

《哈佛经典沟通术》

◎“多元智能理论”之父霍华德·加德纳倾力推荐！

◎《哈佛商业评论》、《奥普拉杂志》、ESPN 电台、CBS 广播公司资深专家的沟通建议！

◎ 秉承哈佛商学院实战特色，从人性角度破解沟通难题！

Real Leaders Don’t Do PowerPoint:How to Sell Yourself and Your Ideas by Christopher Witt.

ISBN 978-0-307-40770-2

Copyright ©2009 by Christopher Witt

Chinese (Simplified Characters only) Trade Paperback Copyright © 2010 by China Renmin University Press.

This translation published by arrangement with Crown Publishers, a division of Random House, Inc.

All rights reserved.

本书中文简体字版由 Crown Publishers 授权中国人民大学出版社在中华人民共和国境内独家出版发行。未经出版者书面许可，不得以任何方式抄袭、复制或节录本书中的任何部分。

版权所有，侵权必究。

图书在版编目（CIP）数据

说服人心的艺术 /（美）威特（Witt, C.）著；林丽萍译.
北京：中国人民大学出版社，2010.9
ISBN 978-7-300-12718-7

Ⅰ.①说…
Ⅱ.①威… ②林…
Ⅲ.①领导艺术
Ⅳ.①C933.2

中国版本图书馆 CIP 数据核字（2010）第 182394 号

说服人心的艺术
[美]克里斯托弗·威特 著
林丽萍 译
Shuofu Renxin de Yishu

出版发行	中国人民大学出版社		
社　　址	北京中关村大街31号	邮政编码	100080
电　　话	010-62511242（总编室）		010-62511398（质管部）
	010-82501766（邮购部）		010-62514148（门市部）
	010-62515195（发行公司）		010-62515275（盗版举报）
网　　址	http:// www. crup. com. cn		
	http:// www. ttrnet. com（人大教研网）		
经　　销	新华书店		
印　　刷	北京京北印刷有限公司		
规　　格	170 mm × 230 mm 16开本	版　　次	2010 年 10 月第 1 版
印　　张	14.75 插页2	印　　次	2010 年 10 月第 1 次印刷
字　　数	154 000	定　　价	36.00 元

版权所有　　侵权必究　　印装差错　　负责调换

湛（zhàn）**卢**（lú）

铸剑大师欧冶子『十年磨一剑』，炼就了『天下第一剑』湛卢剑。

——《吴越春秋》记载